TRAITÉ

Du 4 Juillet 1831,

ENTRE

LA FRANCE ET LES ÉTATS-UNIS.

Mémoire aux Chambres,

PAR

Un Citoyen des États-Unis.

PARIS.

ÉVERAT, IMPRIMEUR, RUE DU CADRAN, N° 16.

1835.

Ce Mémoire a été imprimé avant la réception du message du Président : ayant consulté plusieurs honorables Députés, nous le présentons avec confiance à la Chambre, en y ajoutant une copie d'une lettre publiée dans *le Constitutionnel* du 10 janvier.

TRAITÉ

du 4 juillet 1831,

ENTRE

LA FRANCE ET LES ÉTATS-UNIS.

MÉMOIRE AUX CHAMBRES.

Messieurs,

Le traité du 4 juillet 1831 avait mis un terme aux longues et pénibles discussions, qui s'agitaient, depuis plus de vingt-cinq années, entre deux gouvernemens, qu'aurait dû tenir constamment unis une étroite réciprocité d'intérêts commerciaux, et de sympathies politiques.

Ce traité, en même temps qu'il ouvre aux relations commerciales des deux pays, des voies nouvelles d'échanges et de prospérité, stipule une indemnité au profit des citoyens de l'Union, qui, dans le cours de la lutte gigantesque qui ensanglanta les mers, pendant les premières années de notre siècle, ont vu leurs propriétés livrées à un système de représailles et de déprédations, dont l'histoire maritime des peuples n'avait pas encore offert d'exemple.

La Chambre qui vous a précédés, Messieurs, a dû prendre connaissance des stipulations financières du traité, et être appelée à voter les fonds nécessaires pour y faire honneur.

Vous savez tous quel fut le résultat de cette discussion solennelle. Malgré l'examen rigoureux et le vote presque unanime de la commission, malgré l'exposé si lucide et si loyal de M. le ministre des affaires étrangères, malgré les intérêts immenses engagés dans cette question, une faible majorité de huit voix se prononça contre le projet de loi présenté à la sanction de la Chambre.

Un acte de cette nature devait avoir du retentissement en Europe comme en Amérique.

En Europe; car l'annulation de fait d'un traité, par suite du rejet d'un subside, la prérogative royale et la prérogative des Chambres, toutes deux également incontestables, engagées dans un sens différent, à l'occasion d'un acte inter-national, et l'une forcée de se courber devant l'autre, c'étaient là, on ne peut le nier, de si graves innovations introduites dans le droit public de l'Europe, qu'elles pouvaient être considérées, par quelques esprits, comme portant atteinte à la sécurité des relations diplomatiques ; si toutefois nous nous sommes permis d'indiquer la gravité de cette question, il n'est pas dans notre pensée de la discuter ici ; elle appartient à une sphère plus élevée que celle ou nous voulons nous placer ; mais ce fut sans doute aux États-Unis que cet acte de vos prédécesseurs dut causer l'impression la plus profonde.

Là se trouvaient engagés des intérêts matériels, comme des intérêts d'honneur national. Les citoyens des Etats-Unis s'étaient présentés comme créanciers de la France ; leur gouvernement avait pris en main leur cause ; le chiffre de l'indemnité, après des négociations de plus de vingt années, avait été réduit de manière à n'assurer à chacun d'eux qu'une faible compensation de ses pertes ; et cependant le vote de la chambre leur déclarait : il ne vous est rien dû. Les saisies de vos navires ont été légitimes : la guerre et ses justes représailles ont déchiré vos titres de créances.

Oui, Messieurs, l'impression aux États-Unis fut profonde, et des cœurs français peuvent facilement comprendre le premier sentiment, qui s'éleva dans le cœur d'hommes, dont les pères ont conquis, au prix du sang, leur indépendance et leur honneur.

Mais la nation avec laquelle s'élevait le débat était la France, la France que tout citoyen des Etats-Unis est habitué à considérer comme sa seconde patrie, la France qui voit notre pavillon flotter dans tous ses ports, et dont les fabriques empruntent à nos planteurs les produits, qui reviennent, sous d'autres formes, embellir nos demeures et nos cités; et le sentiment unanime de tous, comme du gouvernement lui-même, fut d'en appeler à la France mieux éclairée.

Rappelez-vous aussi, Messieurs, les assurances que nous donna le cabinet français de reproduire sous vos yeux, des demandes qu'il persiste à croire justes et légitimes;

Et vous vous expliquerez aisément l'attitude calme, mais forte, qu'ont prise, dans la ferme confiance de leurs droits, le peuple et le gouvernement américain.

Il me serait doux, Messieurs, de pouvoir rendre hommage, au nom de mes concitoyens, à l'impartialité des organes de la presse française. Je voudrais pouvoir dire que tous, en défendant, comme c'est leur devoir, les intérêts et l'honneur de leur pays, ont apporté, dans la discussion, le calme qui doit présider, surtout, à l'examen de toute question inter-nationale. Pourquoi faut-il que nous ayons à exprimer le regret que cette question n'ait jamais été dégagée de toute préoccupation de politique intérieure; et que les passions du moment se soient mêlées à l'appréciation de faits qui remontent à plus de vingt-cinq années?

Nous aimons à croire qu'un nouvel examen, fait dans des circonstances plus calmes, leur permettra de reconnaître, sans manquer à la mission qu'ils se sont donnée, de quel côté sont la justice, et les véritables intérêts de la France.

Combien encore n'avons-nous pas dû gémir de voir, dans ces

derniers temps ; une question toute de bonne foi et d'honneur, diviser des hommes pour qui nous professons l'estime la plus haute, et devenir, dans le cabinet français, l'occasion de graves dissentimens !

Mais nous, qui ne désespérerons jamais de notre cause, parce qu'elle est juste ; qui désirons, de toutes les forces de notre ame, ne devoir son triomphe qu'à notre bon droit, et à la conviction que nous ferons passer dans vos esprits, au moment où vous allez être appelés à un nouveau débat de cette affaire, nous avons cru pouvoir, sans témérité, élever notre faible voix, et replacer sous vos yeux un tableau fidèle des faits qui ont trop souvent été dénaturés.

Si, dans le cours de cet examen, nous nous trouvons forcés de combattre quelquefois d'honorables orateurs qui siégent encore au milieu de vous, nous le ferons avec franchise et indépendance, comme il convient à un citoyen d'un peuple libre, s'adressant aux représentans d'un grand peuple, mais avec un profond sentiment de respect pour leurs opinions, qui, pour nous paraître erronées, n'en sont pas moins consciencieuses ; et nous désavouons d'avance toute expression que l'inexpérience du langage parlementaire pourrait laisser échapper à notre plume.

C'est au traité du 30 septembre 1800, que remontent les conventions qui réglèrent les relations maritimes de la France et des États-Unis.

Ce traité, ainsi que le disait l'honorable rapporteur de la commission de 1833, M. Jay, n'est que le développement du principe *le pavillon couvre la marchandise*. Les articles 12 et 14 donnaient à ce principe l'application la plus étendue.

Ils reconnaissaient aux bâtimens neutres le droit de commercer même avec l'ennemi de la France, de transporter des marchandises d'un port ennemi à un port ennemi, tant qu'il n'y avait pas blocus, siége ou investissement.

Ces principes, dont les États-Unis, comme la France, peu-

Traité du 30 septembre 1800. (Voyez *Pièces justificatives*, nº 1.)

vent, à bon droit, réclamer l'honneur, durent donc être invoqués par les parties contractantes, non-seulement comme des règles générales du droit maritime, mais comme l'application d'un traité spécial et explicite.

Et ce traité, cependant, était conclu à une époque où l'Angleterre, renversant tous les principes reconnus jusqu'alors, déclarait soumettre les neutres mêmes à sa domination.

Peu d'années s'écoulèrent avant que l'occasion ne se présentât pour les États-Unis de réclamer l'application du traité de 1800.

Des ordres émanés du cabinet anglais, depuis le 24 juin 1803 jusqu'au 16 mai 1806, déclarèrent en état de blocus les ports de France, depuis Dieppe jusqu'à Ostende, depuis l'Elbe jusqu'à Brest. Blocus fictif, contraire à toutes les règles du droit maritime, et dont la France, nous aimons à le reconnaître, ne prit pas l'initiative ; mais l'exemple qu'il n'avait pas cru pouvoir donner, le gouvernement impérial, par un système de représailles, se crut autorisé à le suivre. Le décret de Berlin (21 novembre 1806) proclama les Iles Britanniques en état de blocus, et déclara de bonne prise tout produit anglais. Aucun bâtiment venant d'Angleterre ne pouvait être reçu dans les ports de France.

Décret de Berlin. (Voyez *Pièces justificatives*, n° 2.)

L'Angleterre répondit à ce décret par un nouvel ordre du conseil du 11 novembre 1807, qui interdit aux neutres tout commerce avec la France et ses alliés, les soumit à décharger en Angleterre les marchandises destinées à l'Europe, et à payer les droits de réexportation.

Ces actes de colère furent immédiatement suivis des décrets de Milan des 23 novembre et 17 décembre 1807.

Décrets de Milan. (Voyez *Pièces justificatives*, n° 3.)

Ces décrets déclarèrent *dénationalisé* tout bâtiment, de quelque nation qu'il fût, qui aurait souffert la visite d'un vaisseau anglais, ou aurait payé au gouvernement anglais une imposition quelconque.

Ces mesures, que l'art. 4 du même décret considère comme une juste réciprocité *du système barbare* adopté par le gouvernement anglais, portaient, contre le commerce américain, qui, seul parmi les neutres, conservait une haute importance, un véritable arrêt de mort. Et toutefois, pendant que des menaces terribles étaient faites aux neutres, que la fatalité avait soumis à la visite des bâtimens anglais, une circulaire du ministre de l'intérieur, du 24 décembre 1807, aux chambres de commerce, insérée au Moniteur, portait : « *Nous devons espérer que les vaisseaux* » *neutres tromperont la vigilance des croisières anglaises ; l'im-* » *mense étendue des côtes de l'Empire protégera leurs tentatives.* »

Nous verrons bientôt comment ces neutres, dont le gouvernement français semblait provoquer les tentatives hardies, furent accueillis dans les ports de France, quand le succès avait couronné leur audace.

Cependant le gouvernement américain n'avait pas tardé à demander au cabinet français, par l'organe de son ministre à Paris, le général Armstrong (10 décembre 1807), des explications sur l'application du décret de Berlin.

Le 24 du même mois, le ministre de la marine répondait (1) que le décret de Berlin ne changeait rien vis-à-vis des Américains aux stipulations de la convention de 1800, et le lendemain *de ce même jour des navires américains étaient saisis par application de ce décret, contrairement à cette convention.* Le décret de Milan venant ajouter de nouvelles rigueurs à celui de Berlin, provoqua, de la part du gouvernement fédéral, des remontrances énergiques, fondées tant sur le droit public que sur le traité spécial de 1800. Mais qu'importaient toutes ces protestations au milieu de la guerre à mort que se livraient les deux acteurs de ce terrible drame? elles ne furent pas écoutées. Les navires américains furent saisis, séquestrés, condamnés, sans qu'on s'inquiétât

---

(1) Voir *Pièces justificatives*, n° 4.

seulement de savoir si, avant d'aborder aux plages, funestes alors, de la France, ils avaient pu connaître la confiscation qui les y attendait. La seule réponse qu'on leur faisait alors était : « *Faites* » *la guerre à l'Angleterre , faites respecter votre pavillon.* »

Le gouvernement fédéral ne pouvait toutefois rester indifférent aux désastres qui frappaient son commerce ; ses remontrances les plus énergiques , vis-à-vis de l'Angleterre comme de la France, étant restées sans résultat, il n'eut plus d'autre ressource que de frapper d'*embargo* (le 22 décembre 1807), ses propres bâtimens, mesure qui n'était que de pure précaution, et qui n'avait aucun caractère hostile, ainsi que M. Madison lui-même le déclarait en chargeant le général Armstrong de la notifier au gouvernement français. *Acte d'embargo.(Voy. Pièces justificatives, n° 5.)*

Napoléon ne la considéra point ainsi, et l'application des décrets de Berlin et de Milan n'en devint que plus rigoureuse. Le congrès américain, reconnaissant enfin l'insuffisance de l'acte d'embargo, le remplaça (1er mars 1809), par l'acte connu sous le nom de *bill of non intercourse*. Cet acte interdisait aux pavillons anglais et français l'entrée des ports de l'Union , sous peine de saisie et de condamnation ; et hâtons-nous de dire que pas un seul navire français ne fut condamné ni saisi. *Acte de non-intercourse. (Voyez Pièces justificatives, n° 6.)*

Le ministre américain s'empressa même de faire connaître au cabinet français que la nécessité seule avait entraîné les États Unis à cette mesure (1).

Ce bill, dont l'effet ne devait durer qu'une année, et dont les clauses pénales ne reçurent pas une seule application, était tellement contraire aux vues du gouvernement américain, qu'un nouvel acte du 1er mars 1810 déclara qu'il ne serait pas renouvelé, si la France et l'Angleterre révoquaient leurs dispositions hostiles vis-à-vis de l'Union. Pendant ce temps, que se passait-il en Europe ? *Acte du 1er mars 1810. (Voyez Pièces justificatives, n° 8.)*

____

(1) Voir *Pièces justificatives*, n° 7.

Des navires américains qui avaient échappé aux croisières anglaises, paraissent, devant les ports de Saint-Sébastien et de Bilbao. Le général Thouvenot, qui commandait dans ces contrées au nom de la France, les invite à entrer dans ces ports. L'un d'eux, le navire *l'Entreprise*, décharge et vend sa cargaison; les autres suivent son exemple. Déjà les marchés sont passés entre les vendeurs et les acheteurs quand une lettre du directeur-général des douanes, du 10 février 1810, transmet l'ordre de l'empereur de saisir tous ces navires et leurs cargaisons; et, quelques jours plus tard, un décret daté de Rambouillet, du 23 mars 1810, ordonne la saisie de toute propriété naviguant sous pavillon américain, qui, à compter du 20 mai 1809, était entrée, ou entrerait dans les ports de la France, ou des pays occupés par ses armées; prescrit la vente des cargaisons et des navires, et le versement du produit à la caisse d'amortissement.

Et c'est le 23 mars 1810, qu'est ordonnée une saisie qui remonte au 20 mai 1809 !

C'était toutefois à titre de séquestre que les fonds étaient déposés; on devait espérer que la confiscation n'en serait pas définitivement prononcée.

Enfin, ce système barbare de représailles trouve un terme.

Le 6 août 1810, le ministre des affaires étrangères de France écrit au général Armstrong :

« Je suis autorisé à vous déclarer que les décrets de Berlin et » de Milan sont révoqués, et qu'à dater du 1er novembre, ils ces- » seront d'avoir leur effet. »

Le même jour, le général Armstrong transmet cette heureuse nouvelle à son gouvernement.

Et le même jour aussi, il nous est pénible de le rappeler, par un décret daté de Trianon, Napoléon déclare acquis à l'état le

Saisies de Saint-Sébastien. Décret de Rambouillet. (Voyez *Pièces justificatives, n. 9.*)

Révocation des décrets de Berlin et de Milan.

Décret de Trianon. (Voyez *Pièces justificatives, n° 10.*)

produit des navires saisis à Saint-Sébastien et à Bilbao, et en ordonne le versement au trésor public (1).

Ce même décret de Trianon recevait en même temps une application rétroactive, aussi bizarre, que contraire à tout principe de droit.

Sept navires américains étaient entrés à Anvers, dans les premiers mois de 1807, sous l'empire du décret de Berlin, mais avant l'apparition du décret de Milan. Ces navires avaient relâché en Angleterre, et, aux termes du décret de Berlin, pouvaient être expulsés, mais non confisqués : on les séquestra néanmoins ; mais leurs déclarations ayant été reconnues vraies, on permit aux consignataires de réexpédier les bâtimens. Toutefois les cargaisons furent retenues, sous prétexte qu'elles pouvaient être des propriétés anglaises, et, pour empêcher qu'elles ne se détériorassent, on en ordonna la vente, et le dépôt à la caisse d'amortissement.

Une enquête eut lieu ; les cargaisons furent reconnues être la propriété d'Américains, mais, avant que la restitution n'en eût été opérée, survint le décret de Trianon, et on comprit, dans la confiscation, des marchandises saisies deux ans auparavant, sous l empire d'une législation différente. Le produit de ces ventes s'éleva, déduction faite de 5,875,668 fr. 18 cent., payés pour droits de douanes, à 3,360,592 fr. 20 cent.

Le traité du 6 mars 1810 imposa à la Hollande l'obligation de remettre au gouvernement français toutes les propriétés américaines qui se trouvaient sur son territoire, et le produit de marchandises américaines qui y étaient consignées, et qui ne s'étaient soumises à l'application d'aucun des décrets impériaux, fut versé à la caisse d'amortissement, d'où il passa, en vertu du décret de Trianon, dans les caisses du trésor public. Le produit de cette vente fut de 1,550,576 fr. 40 cent.

____

(1) Voir la *Correspondance* du général Armstrong, au *Moniteur* du 8 août 1810.

Bien plus, tandis qu'aux États-Unis, dès le 2 novembre, sur la nouvelle transmise par le général Armstrong, le bill de non-intercourse est révoqué à jamais à l'égard de la France, et maintenu au contraire à l'égard de l'Angleterre, qui persistait dans son système de déprédation, les saisies, les condamnations continuent en France; ce n'est même que le 28 avril 1811 qu'est rendu le décret qui révoquait les décrets de Berlin et de Milan, et le 10 mai 1812 seulement, il en est donné communication au gouvernement des Etats-Unis.

Néanmoins, et en contravention formelle à ce décret, les saisies et les condamnations continuent jusqu'à la fin de 1812.

Ici se termine la longue et pénible énumération des actes qui, en pleine paix, et sous l'empire de la convention si explicite de 1800, ont affligé le commerce des États-Unis.

Nous n'avons point cherché à assombrir les couleurs du tableau; nous avons raconté; et maintenant, nous adressant à vos consciences, Messieurs, nous vous demandons : Tout ce qu'a fait le gouvernement impérial était-il légitime?

Ce gouvernement était-il juste, quand, pour répondre aux hostilités de l'Angleterre, il interdisait aux États-Unis le commerce que le traité de 1800 leur avait assuré? était-il juste, quand il confisquait, comme dénationalisés, les navires que les croisières anglaises avaient, par force, soumis à leur visite? était-il juste, quand il brûlait en mer nos navires pour cacher la marche des escadres françaises? quand il confisquait, à Saint-Sébastien, des navires appelés par ses propres agens? quand il saisissait, à Anvers, comme propriétés anglaises, des cargaisons qui avaient été reconnues propriétés américaines? quand il condamnait, en vertu des décrets de Berlin et de Milan, des navires qui se trouvaient en mer au moment de leur publication, et abordaient vos rivages, sur la foi d'une législation précédente? était-il juste enfin , quand l'application réitérée de ces décrets a survécu plus de deux ans à leur abrogation?

Voilà cependant ce qu'il faudrait proclamer pour refuser le droit à une indemnité.

Un honorable membre de cette Chambre, dont l'opinion emprunte une autorité grave à ses lumières, et à son ancienne position diplomatique, n'a pas craint de le faire.

Dédaignant tous les calculs, et envisageant la question sous un aspect plus élevé, il dit à vos prédécesseurs : Les Américains ont supporté les conséquences de leur position dans la lutte qui divisait le monde ; c'était un conflit général qui ne permettait à aucune nation de rester dans un état de neutralité. La liberté de leur pavillon était violée par l'Angleterre ; pourquoi ne l'ont-ils pas défendue ?

« *Un neutre , qui ne fait pas respecter son pavillon par une des* » *parties belligérantes, n'a pas le droit d'exiger qu'il soit respecté* » *par l'autre.* »

Qu'un semblable langage ait été tenu par l'empereur Napoléon et par ses ministres ; que sa diplomatie, qui ne permettait à aucune puissance, sur tous les continens, de conserver son indépendance, ait dit au monde entier : *Qui n'est pas pour nous, est contre nous,*

On le conçoit ; c'était l'erreur d'un grand génie. Mais qu'aujourd'hui, en présence du système d'équilibre européen, qui garantit le faible contre le fort, qui reconnaît et assure l'indépendance de toutes les nations, des principes contraires aux premiers axiomes du droit des gens, et au texte des traités, soient proclamés comme vrais et légitimes, nous avouons, Messieurs, quelque estime que nous professions pour l'honorable orateur, que nous avons peine à comprendre ce langage.

Si un neutre doit faire respecter son pavillon, qui sera juge, si ce n'est lui-même, de l'outrage qui lui aura été fait ?

De quel droit une puissance étrangère, qui n'a contre lui aucun grief, lui dictera-t-elle sa conduite ?

La France avait-elle reçu la mission de se constituer le dépositaire et le champion de l'honneur américain, et d'établir, par
son unique volonté, une solidarité dont elle seule aurait re-
cueilli le bénéfice ? et, si du droit nous descendons au fait,
qui peut se constituer juge de l'opportunité et de la possibilité
d'une guerre, si ce n'est la nation qui doit la déclarer ?

Ce pavillon, qui doit être respecté, comment le sera-t-il, si la
puissance outragée ne se sent pas assez forte, pour demander, les
armes à la main, le redressement de ses griefs ?

Ses armées navales seront impuissantes pour lutter contre des
flottes formidables, et on lui dira : Déclarez la guerre.

Une défaite assurée compromettra son honneur et son indépendance, et on lui dira : Que nous importe ? déclarez la guerre.

Son commerce sera à jamais perdu, anéanti, et on lui répon-
dra toujours par la guerre.

En vérité, Messieurs, l'histoire ne saurait comment qualifier
un gouvernement qui subirait un pareil joug.

Que peut-on d'ailleurs, en envisageant même la question
sous ce point de vue, reprocher au gouvernement américain ?

Dès 1805, et avant le décret de Berlin, le congrès passe un
acte relatif à la presse des matelots, que les Anglais avaient enlevés en grand nombre, quoiqu'ils fussent sous la protection
des États-Unis ; et cet acte, comme le dit M. Bignon lui-même,
« plaît à l'ame et à la raison, parce qu'il montre un peuple qui,
» malgré l'extrême infériorité de ses forces, conserve envers
» un état puissant, le sentiment de sa dignité. »

En 1807, quand, par le décret de Berlin, l'empereur Napoléon,
malgré la convention de 1800, s'est placé vis-à-vis de l'Union,
dans la même position que l'Angleterre, le gouvernement fédéral, par son acte d'embargo, retient ses bâtimens dans ses
ports ; quand plus tard il voit son commerce livré à toute espèce

d'avanie et de déprédation, il lui interdit tout rapport avec la France et l'Angleterre. Mais en même temps, et dans ses divers actes, il invite sans cesse ces deux puissances à révoquer les mesures hostiles, dont son commerce tombe incessamment victime; et quand enfin la France seule revient à des principes de justice, quand aussi de longs et pénibles efforts, et une expérience acquise de ses forces sur l'Océan, lui permettent de défendre avec chance de succès son pavillon outragé, il déclare à l'Angleterre une guerre qui devait être couronnée par un noble et brillant succès.

Qui peut dire que, dans toutes ces circonstances, le gouvernement des États-Unis n'a pas fait preuve d'indépendance et de courage? Et comment vient-on lui reprocher aujourd'hui d'avoir laissé sans vengeance les injures faites à son pavillon!

Un autre argument général a été présenté à vos prédécesseurs par l'honorable orateur que nous prenons la liberté de combattre.

Si des pertes considérables ont été éprouvées par quelques négocians américains, a-t-il dit, d'autres, plus heureux, se sont enrichis. Depuis le commencement de la guerre, la prospérité des États-Unis n'a pas cessé de marcher dans une progression constante; loin donc d'avoir à payer des indemnités aux États-Unis, on pourrait dire que c'est la France qui devrait se porter leur créancière.

Déja M. le duc de Broglie a répondu qu'il y avait au moins quelque chose d'étrange à répondre à un créancier : les actes dont vous vous plaignez, vous ont ruiné, il est vrai; mais votre voisin s'est enrichi, il y a compensation : mais en prenant la question de plus haut, il n'est pas difficile de saisir les conséquences d'un système, qui ne serait autre que celui de la force brutale.

Il ne peut s'élever une guerre maritime entre deux puissances de premier ordre, sans que les neutres n'y trouvent de grands

avantages. Ces avantages étaient d'ailleurs assurés aux États-
Unis par la convention de 1800. Que l'interdiction des relations
commerciales entre la France et l'Angleterre ait ouvert au commerce américain des chances nouvelles de succès, qui le nie?
Mais c'était là une conséquence nécessaire de la force des choses,
dont il n'était permis à aucune puissance de leur ravir le bénéfice.

Que les États-Unis, pendant cette lutte terrible qui épuisait
les plus formidables puissances, aient crû en force et en prospérité, qui le nie? Mais est-il défendu à une nation de poursuivre
noblement sa carrière? Et quelle est donc la prétention que
s'arrogerait une puissance étrangère de lui dire : Vous avez assez
gagné, vous êtes assez puissante et assez riche; je vais établir
votre compte-courant; je vais dresser votre bilan, et le solde en
bénéfices, j'en confisque une partie à mon profit.

Tel serait cependant le langage que l'on voudrait faire tenir à
la France, mais qu'elle ne tiendra pas, parce que le règne de la
force brutale n'est plus, et qu'elle sait qu'un peuple n'a d'indépendance assurée, qu'autant qu'il respecte celle des autres
peuples.

Nous ne nous arrêterons pas plus long-temps à ces considérations générales, à ces fins de non-recevoir qui semblent n'avoir
été jetées en avant, que pour éloigner les esprits de la véritable,
de la seule question dont il convienne d'abord de s'occuper,
celle de savoir, si les faits qui viennent d'être rappelés consti-
tuent pour les États-Unis le droit à une indemnité.

Ce fut dès 1812 que cette question s'agita dans le sein des
conseils impériaux, et le principe de l'indemnité fut de suite
reconnu. Toutefois l'étendue de l'indemnité dut, dès l'origine,
être envisagée par la France et les États-Unis, sous des points
de vue différens.

Le droit pour les États-Unis était réglé par la convention de
1800. Toutes les infractions à ce traité, commises par le gouvernement impérial, ces décrets de Berlin et de Milan contre

lesquels ils avaient constamment et énergiquement protesté, n'étaient pour eux que des actes de violence, dont ils ne pouvaient reconnaître la légalité, sans se condamner eux-mêmes.

Aussi le gouvernement impérial, et les gouvernemens qui lui ont succédé, tout en reconnaissant que, dans certains cas, et suivant des catégories déterminées, l'indemnité devait être allouée, ne se sont-ils jamais trouvés d'accord avec les Etats-Unis, sur la base et sur l'étendue de cette indemnité.

Il n'entre pas dans nos vues de rappeler avec détail les longues et pénibles négociations suivies à ce sujet; nous ne prétendons constater qu'un fait, la *reconnaissance du droit à l'indemnité*.

Ainsi, le 16 octobre 1812, le gouvernement impérial reconnut qu'il y avait lieu à indemnité :

1° Pour les navires brûlés en mer, afin de dérober à l'ennemi la marche des escadres françaises ;

2° Pour les navires saisis postérieurement à la révocation des décrets de Berlin et de Milan.

Plus tard, et le 5 février 1813, le même gouvernement reconnaissait le même droit pour les navires saisis à leur arrivée dans nos ports, avant d'avoir eu connaissance de ces décrets.

En novembre 1816, M. le duc de Richelieu, sur les instances faites auprès de lui pour le réglement de cette dette, reconnaît le droit des Etats-Unis, mais réclame, de leur loyauté, un délai que rendait nécessaire la situation financière de la France ; et c'est sur la demande du ministre américain qu'est faite aux chambres, en 1818, la déclaration que les 700 millions votés par elles, ont pour objet de désintéresser les puissances *européennes seulement*.

En 1822, le vicomte de Montmorency, tout en élevant la prétention de confondre avec cette question les réclamations qu'a fait naître l'exécution du traité de la Louisiane, dont nous parlerons tout à l'heure, reconnaît néanmoins le principe de l'indemnité.

En 1829 , de nouvelles négociations se lient avec le prince de Polignac ; et ces négociations étaient arrivées au point de donner lieu à des projets, et à des contre-projets confidentiels.

Enfin, en 1830 , après la révolution de juillet, une commission désignée parmi les membres des deux chambres, reconnaît *unanimement* le principe de la dette ; et la majorité de cette commission déclare l'appliquer ,

1° Aux bâtimens brûlés en mer ;

2° Aux navires saisis postéricurement à la révocation des décrets de Berlin et de Milan ;

3° Aux navires saisis dans les quatre-vingts jours qui suivirent la promulgation de ces décrets , délai pendant lequel ils étaient présumés n'avoir pu les connaître ;

4° Aux navires saisis à Saint-Sébastien et à Bilbao et vendus à Bayonne en 1810 , qui n'étaient entrés dans ces ports que sur l'invitation de l'autorité française.

Disons enfin que dans le sein de la commission de la chambre des députés, aucune voix ne s'est élevée pour contester le principe de la dette , et qu'il ne s'est manifesté de dissidence de la part d'un seul membre , que sur le chiffre admis par le traité.

Nous sommes donc autorisés à déclarer , après ces épreuves multipliées, après cette reconnaissance solennelle de leur droit, *qu'une indemnité est due aux citoyens des États-Unis.*

Quel devait être le chiffre de cette indemnité ?

C'est sur cette seconde question que se sont divisées les diverses commissions appelées à l'examen de cette affaire ; c'est sur ce terrain que le débat s'est engagé , surtout, devant vos prédécesseurs , et qu'il s'engagera sans doute devant vous , Messieurs : c'est donc sur ce point que nous devons appeler toute votre attention.

Le traité fixe à 25 millions le chiffre de l'indemnité.

Est-il trop élevé ?

(17)

Si l'on remonte aux faits antérieurs, on voit que, dans un rapport des premiers mois de 1814, le duc de Vicence proposait à
Napoléon de faire aux Etats-Unis une offre de 13 millions, qui
cependant pourrait être portée à 18, parce que les évaluations
des pertes paraissaient établies au-dessous de la vérité.

Vous remarquerez, Messieurs, qu'il ne s'agissait que d'une
offre à faire au gouvernement fédéral, et qu'en diplomatie, il y
a loin de la première base d'une négociation à sa conclusion
définitive. Vous remarquerez d'ailleurs que 25 millions, en 1834,
sont loin de représenter 18 millions payés en 1814.

Le seul chiffre proposé depuis par les commissions d'examen,
fut celui de la commission de 1831. La majorité proposa 12
millions, la minorité 30 millions.

Mais tout en admettant à l'indemnité les quatre catégories
dont nous avons parlé tout à l'heure, cette commission ne fit
connaître aucun des calculs qui l'avaient conduite à déterminer
ce chiffre.

Dans ces circonstances, que fit le gouvernement français?

Il admit les principes posés par la commission de 1831, et les
catégories qu'elle avait reconnues, et recherchant, au moyen des
documens qu'il avait réunis, le nombre et la valeur des navires
et des cargaisons qui rentraient dans les catégories admises, il
arriva à un chiffre supérieur aux 25 millions qui furent sti-
pulés, à forfait, dans le traité.

Si cependant, comme nous l'avons entendu dire à votre tribune, Messieurs, l'intérêt américain avait prévalu dans cette
négociation, ce n'est pas sur des bases aussi étroites que l'indemnité aurait été établie.

Les faits que nous avons résumés nous semblaient à nous,
citoyens de l'Union, justifier hautement des réclamations contre
toutes les saisies faites en contravention du traité du 30 septembre 1800; et le gouvernement fédéral, conséquent avec lui-même,
n'a pas hésité à reconnaître, qu'à ses yeux, l'indemnité s'appli-

quait à toutes les prises faites, même en vertu des décrets de
Berlin et de Milan.

Nous ne craignons donc pas de dire que c'est l'intérêt français
qui l'a emporté dans la fixation du chiffre de l'indemnité, et que
votre cabinet s'est montré dépositaire soigneux des intérêts qui
lui étaient confiés.

Nous avons cherché en vain, Messieurs, les calculs opposés
à ceux que présentaient l'année dernière, M. le rapporteur de
la commission de la Chambre, et M. le Ministre des affaires étrangères, pour établir que le chiffre de 25 millions était inférieur
à celui que l'on aurait été forcé d'admettre, si au lieu de traiter
à forfait on eût procédé, par voie de liquidation, à l'évaluation
des navires et des cargaisons compris dans les catégories admises. Si nous jugeons nécessaire de reproduire ces calculs sous
vos yeux, ce ne sera que pour démontrer, par des preuves ré-
centes, que les évaluations qu'ils contiennent sont bien inférieures
encore à la vérité.

Rapport de la com-
mission nommée aux
États-Unis pour l'exé-
cution du traité.

Immédiatement après la conclusion du traité du 4 juillet 1831,
une commission fut désignée par le gouvernement des États-Unis,
à l'effet de recevoir les déclarations de toutes les parties intéres-
sées, et de liquider les créances de ceux qui devaient être admis
à prendre part à l'indemnité.

Vous ne pouvez douter, Messieurs, du soin scrupuleux avec
lequel il fut procédé à ce travail. Cette assurance doit résulter
de la forme de notre gouvernement, où tout se passe au grand
jour de la publicité.

Il y avait lieu de croire que le gouvernement des États-
Unis, n'ayant jamais reconnu la légalité des décrets de Berlin
et de Milan, et admettant à l'indemnité les navires saisis, en
exécution de ces décrets, le chiffre des créances admises serait
très-supérieur à celui fixé dans le traité.

Cette triste prévision n'a malheureusement pas été trompée.

Un rapport officiel de la commission des États-Unis, en date du 7 juin 1834 (1), a fait connaître le nombre et la valeur des navires et des cargaisons qui tombent sous l'application du traité du 4 juillet 1831 : le chiffre de ces diverses valeurs, *authentique-ment connues,* s'élève à la somme énorme de 17,065,917 dollars, ou 92,155,951 fr., sans compter les intérêts qui s'élèvent à plus de 120 millions ; de sorte que les ayant-droit n'auront à recevoir que 27 pour 100 environ, sur le capital de leurs créances.

Mais en se renfermant dans les mêmes limites que celles que s'est imposées le gouvernement français, en prenant le même point de départ que les diverses commissions, et en ne calculant l'indemnité que sur le nombre et la valeur des navires compris aux catégories admises, il sera facile de se convaincre, au moyen de la comparaison des évaluations présentées par la commission de la Chambre, et par M. le ministre des affaires étrangères, avec les documens produits devant la commission des États-Unis, que les calculs du gouvernement français étaient loin d'être exagérés.

Les évaluations présentées à la Chambre comprenaient quatre catégories :

1° Trente-un navires brûlés en mer avec leurs cargaisons.

La valeur de quatre de ces bâtimens avait été déterminée, à Rochefort, par une commission impériale ; et la moyenne, pour chaque bâtiment, était de 156,735 fr. ; ce qui donnait, pour trente-un bâtimens, un total de 4,858,787 fr. 19 c.

2° Quarante navires et trente-six cargaisons, saisis dans les quatre-vingts jours qui suivirent la promulgation des décrets de Berlin et de Milan, délai pendant lequel ces navires, qui se trou-vaient en mer, n'avaient pu en avoir connaissance.

3° Les navires et les cargaisons saisis dans les ports de Saint-Sébastien et de Bilbao, où le général Thouvenot les avait appelés, en leur promettant sûreté et protection, qui avaient ensuite été

(1) Report of the commissionners under the act to carry into effect the late treaty with france with astatement of the claims examined by them.

conduits, et vendus à Bayonne. Le produit de la vente de ces navires était connu. Un état dressé par la douane à cette époque
constate le nom, le nombre des navires, et leur produit. Cet
état, dont nous joignons un extrait à ce mémoire, comprend
35 cargaisons et dix-neuf navires vendus, les autres ayant été remis à l'administration de la marine.

Le produit total s'éleva, sans compter la valeur des navires remis à la marine, à 15,654,901 fr. 37 c., dont 8,206,935 fr. 27 c.
furent appliqués au paiement des droits ; et les 7,447,966 fr. 10 c.
restant, furent versés dans les caisses du trésor. La commission
trouva que la moyenne de chaque navire et de sa cargaison, déduction faite des droits, était de 221,482 fr.

4° Les navires saisis postérieurement au 1ᵉʳ novembre 1810,
époque à laquelle le décret du 28 avril 1811 fixait la révocation des décrets de Berlin et de Milan.

Divers modes d'évaluation se présentaient, et chacun d'eux
donnait des résultats différens. La commission de la Chambre
lui soumettait le résultat suivant :

Premier mode d'évaluation : en admettant, comme élément de
calcul, la valeur connue des cargaisons vendues, soit à Bayonne,
soit à Anvers, et l'estimation faite à Rochefort des quatre navires
coulés :

Prix moyen d'un navire et de sa cargaison. . 294,259 fr. 18 c.

Deuxième mode d'évaluation, en excluant les ventes faites à
Anvers, et prenant pour base les estimations de Bayonne et de
Rochefort.

Prix moyen. . . . . 214,841 fr. 86 c.

Troisième mode d'évaluation, d'après les estimations seules de
Rochefort,

Prix moyen. . . . . 156,735 fr. 09 c.

Quatrième mode d'évaluation.

Pour les navires détruits en mer, l'estimation de Rochefort,
et pour les navires saisis, les ventes de Bayonne.

Prix moyen,

  1° Pour les navires détruits. . . . . 156,735 fr. 09 c.

  2° Pour les navires saisis. 221,482   63

La commission, appliquant ces divers modes d'évaluation aux navires et aux cargaisons compris dans les catégories, arriva au résultat suivant :

  1er Mode d'évaluation. . . . . 34,234,329 fr. 03 c.

  2e. 27,245,605   16

  3e. 22,132,209   40

  4e. 26,081,809   02

C'est le dernier mode d'évaluation qu'adoptait M. le ministre des affaires étrangères dans les calculs qu'il présentait, et on ne peut nier qu'il ne soit le plus rationnel, puisqu'il assimile les vaisseaux brûlés en mer à ceux évalués à Rochefort sur une base fort étroite, et les vaisseaux saisis à ceux vendus à Bayonne. Mais, poussant le scrupule plus loin que la commission de la Chambre, il proposait de retrancher encore du calcul la valeur de douze navires et de cinq cargaisons, sur lesquels s'étaient élevés quelques doutes. Ce qui réduisait le chiffre total à 22,856,688 fr. 57 c.

Tel est le chiffre que M. le ministre déclarait inattaquable.

Ajoutant celui des ventes faites à Anvers, qui est de 3,360,392 fr. 20 c., et celui des marchandises consignées en Hollande qui est de 1,550,576 fr. 40 c., (1) il arrivait à un chiffre total de 27,767,693 fr. 18 c.

Restaient enfin les droits de douanes qui s'étaient élevés, à Bayonne, à 8,206,935 fr., et à Anvers, à 5,875,668 fr., et qui ne pouvaient pas manquer d'être pris en grande considération, puisque c'était une vente forcée qui avait été faite, et le chiffre s'élevait à plus de 40 millions.

Tel était, Messieurs, l'ensemble et le résumé des évaluations qui justifiaient, et bien au-delà, la fixation du chiffre de 25 millions;

(1) Voir *Pièces justificatives*, n° 16.

mais ces chiffres, que quelques personnes crurent devoir accuser d'exagération, ou au moins d'incertitude, étaient, comme nous allons le prouver, au-dessous de la valeur réelle des objets vendus.

Déjà la différence immense qui existait entre le prix moyen des navires vendus à Anvers, et de ceux vendus à Bayonne, prouvait combien ces dernières ventes avaient subi l'empire des circonstances où elles étaient faites.

Une masse énorme de marchandises vendues en bloc, dans un petit port de mer, instantanément, et sans concurrence réelle, malgré le besoin qui se faisait sentir en France des marchandises étrangères, avaient dû être livrées à vil prix.

Ce fait, qu'annonçait l'année dernière M. le ministre des affaires étrangères, vous sera aujourd'hui prouvé.

Le rapport de la commission des Etats-Unis constate la valeur des navires et des cargaisons ; et de la comparaison de cette valeur, avec le prix de vente à Bayonne, il résulte une différence énorme au préjudice des propriétaires.

Dans l'impossibilité où nous nous trouvons de mettre sous vos yeux, dans toute son étendue, le rapport de cette commission, nous avons cru devoir réunir, dans un même tableau (1), le nom des navires vendus à Bayonne, leur prix de vente, le montant des droits payés par chacun d'eux, et la valeur déclarée au rapport de la commission des Etats-Unis.

Vous y verrez, Messieurs, que telle cargaison, celle du Tantivy, qui ne produisit net que 496,671 fr. 79 c., y figure pour 773,881 fr. 39 c. Telle autre, celle du Hawck, qui ne produisit que 557,146 fr. 56 c., y est portée pour 954,961 fr. 86 c.

Le chiffre total des ventes s'est élevé, sous déduction des droits, à 7,447,966 fr. 10 c. ; mais deux bâtimens compris dans cet état, le *Wilkinson* et le *Mary-Ann* ne se retrouvent pas désignés, dans le rapport, d'une manière assez précise, pour établir une comparaison certaine entre les prix de vente et d'achat.

(1) Voir *Pièces justificatives*, n° 11.

Si donc nous déduisons de ce chiffre le prix de vente de ces deux cargaisons, il n'en reste que 33, et 20 navires, dont le produit total a été de 7,096,204 fr. 09 c.; et le prix réelle de ces mêmes 33 cargaisons est de 9,921,798 fr. 36 c., c'est-à-dire, supérieur au prix de vente, de 2,825,594 fr. 27 c.

Si au lieu de prendre la moyenne de ventes faites dans des circonstances déplorables, on prend la moyenne de la valeur réelle, on arrive à une moyenne, pour chaque navire, de 300,660 fr. 55 c.

Et si enfin, on applique cette moyenne à la totalité des navires et cargaisons compris dans les trois dernières catégories, sous toutes les déductions faites par M. le ministre des affaires étrangères, au lieu du chiffre total de 27,767,639 fr. 18 c., qu'il présentait à la Chambre, ou obtient celui de 34,241,566 fr. 54 c.; ce chiffre total se compose ainsi qu'il suit:

1° Pour 26 navires brûlés en mer compris dans la première catégorie. . . . . 4,075,111 fr. 74 c.
2° Pour 84 navires et cargaisons saisis et compris dans les trois dernières catégories. . 25,255,486 20
3° Pour les saisies d'Anvers. 3,360,392 20
4° Pour les saisies de Hollande. 1,550,576 40

Somme égale. . . . 34,241,566 f. 54 c.

Ce chiffre qui, reposant sur des bases certaines, doit être considéré comme représentant, autant que possible, la valeur des objets saisis.

Il ne sera donc plus permis, Messieurs, de présenter, sur le chiffre de l'indemnité, des allégations vagues, et qui seraient immédiatement démenties par des calculs incontestables.

Enfin, et pour nous résumer, votre cabinet et vos commissions n'ont jamais nié qu'une indemnité ne fût due aux citoyens des États-Unis; il vient d'être établi que les saisies faites en contravention au traité de 1800, s'élèvent en capital, à 92,000,000 fr., et, avec les intérêts, à plus de 200,000,000 fr., et qu'en se renfermant dans les limites des quatre catégories, sur lesquelles il ne s'élève aucune réclamation, le chiffre des saisies, déterminé d'après des bases certaines, serait de plus de 34,000,000 fr.

Le gouvernement des États-Unis, en acceptant 25 millions, a donc fait tous les sacrifices possibles au désir de maintenir la bonne harmonie entre les deux nations; et le gouvernement français, en obtenant ces concessions, loin de trahir les intérêts de la France, les a victorieusement défendus.

Il ne nous reste plus, Messieurs, qu'à répondre à divers argumens empruntés à un autre ordre de faits, et qui, ce nous semble, n'auraient pas dû tenir, dans cette discussion, le rôle important qu'on leur a attribué.

Nous voulons parler du traité de la Louisiane et du traité des Florides. Vous connaissez tous l'origine et la cause de la discussion qui s'éleva entre les deux gouvernemens, au sujet de l'application de l'article 8 du traité de 1803, relatif à la cession de la Louisiane.

Traité relatif à la cession de la Louisiane.

L'article 7 de ce traité stipulait que, pendant douze ans, les bâtimens français seraient reçus dans les ports de la Louisiane, sur le même pied que les bâtimens nationaux.

Il était dit, à l'article 8 : à l'avenir et pour toujours, après l'expiration des douze années susdites, les navires français seront traités sur le pied de la nation la plus favorisée, dans les ports ci-dessus mentionnés.

Les États-Unis ayant offert à toutes les nations le traitement national dans leurs ports, à la condition de réciprocité, l'Angleterre, en 1814, accepta cette offre.

Peu de temps après, la France réclama le même privilége, mais sans aucune compensation, en se fondant sur l'article 8 du traité de la Louisiane.

Elle soutenait qu'elle avait acquis dès-lors le droit de réclamer, dans les ports, le traitement de la nation la plus favorisée; et comme ce traitement était le traitement national, elle en revendiquait le bénéfice : la compensation, selon elle, se trouvait payée d'avance par le traité de 1803. Les Américains soutenaient, au contraire, que la seule conséquence de ce traité, était d'obliger les États-Unis à admettre les navires français dans les ports de la Louisiane, aux mêmes conditions que les navires de la nation la plus favorisée, mais aux mêmes charges qu'elle, c'est-à-dire, à charge de réciprocité.

Si ce privilége, disaient-ils, était une simple faveur, nul doute que la France ne fût fondée à la réclamer; mais si ce n'a été qu'un avantage stipulé, sous la condition d'une compensation convenue, la France ne peut en réclamer le bénéfice qu'en remplissant les mêmes conditions; si elle obtenait les mêmes avantages que l'Angleterre, sans supporter les mêmes charges, elle ne serait pas traitée *comme* la nation la plus favorisée, mais *mieux* qu'elle. Ces expressions, *la nation la plus favorisée*, ne veulent pas dire, quand il s'agit de rapports de nation à nation, qu'une faveur lui a été gratuitement accordée, ce qui n'a jamais lieu, mais bien qu'elle l'a obtenue en échange d'une autre, puisque le principe de toutes les stipulations commerciales est fondé sur l'espérance d'un bénéfice réciproque.

Si, à l'époque du traité de 1803, les négociateurs français avaient compris, qu'après l'expiration des douze années, pendant lesquelles l'article 7 assurait, aux bâtimens français, le traitement national dans les ports de la Louisiane, il eût été possible que ce traitement continuât à leur être accordé, sans aucune stipulation nouvelle; pourquoi n'en seraient-ils pas explicitement convenus?

Mais ils ont pensé, au contraire, que cet avantage ne pouvait leur être assuré d'avance, sans une compensation à régler ultérieurement.

Le but de l'article 8 n'était pas de placer les navires français sur le même pied que ceux des États-Unis, mais de s'opposer à l'obtention, par des nations étrangères, d'avantages dont la France ne jouirait pas.

4

Et ce but fut rempli en déclarant, que, quels que fussent les avantages offerts par les nations étrangères, la France acquérait d'avance le droit de contracter avec les États-Unis aux mêmes conditions.

Tel est le *droit* que la France a *payé*, par anticipation, en cédant le territoire de la Louisiane.

Il vous sera impossible, Messieurs, quelle que puisse être votre opinion sur l'interprétation de cet article, de nier la force des argumens du gouvernement de l'Union; et vous en sentirez d'autant plus la puissance, que cet article du traité, s'il avait reçu l'interprétation que lui donnait le gouvernement français, se serait trouvé en opposition expresse avec la constitution des États-Unis, qui ne donnait pas au gouvernement le droit de consentir une pareille concession. Qu'a fait, dans cette circonstance, le gouvernement américain? Il a sollicité l'arbitrage d'une puissance amie. Cette offre a plus d'une fois été soumise au cabinet français, qui l'a constamment rejetée, et a persisté à faire usage de cette difficulté diplomatique comme d'une arme, pour repousser les réclamations des citoyens de l'Union.

Quoi qu'il en soit, et même en admettant que diverses interprétations pussent être sincèrement présentées et soutenues, tout en reconnaissant que la diplomatie française a dû appuyer l'interprétation la plus favorable aux intérêts nationaux; en concédant même qu'elle a fait preuve d'habileté, en mêlant cette difficulté à celles qui divisaient les deux gouvernemens, on ne peut méconnaître que l'examen et la solution de cette question ne fussent des actes purement diplomatiques, et que le gouvernement français a été assez heureux pour obtenir une solution favorable à ses prétentions, puisqu'en échange de la renonciation de la France à l'application au moins douteuse de l'article 8 du traité de 1803, des compensations importantes ont été accordées par les États-Unis. Il ne restait au cabinet français qu'à apprécier l'importance de ces compensations.

Déjà M. le ministre des affaires étrangères a démontré à vos prédécesseurs, combien avait été exagérée l'étendue de la perte qu'avait subie le commerce français, par suite du sens donné à l'article 8 du traité ; il a prouvé, par des documens officiels, que cette perte aurait été de 14,000 fr. par année, tandis que la réduction de droits sur les vins, stipulée par le traité du 4 juillet 1831, a procuré, au commerce français, un avantage de 800,000 fr. pendant dix années, avantage bien supérieur à celui que lui aurait procuré l'interprétation la plus favorable du traité de 1803, et qui doit se doubler par la nouvelle convention qui, à partir du 3 mars dernier, a réduit encore de moitié le droit sur les vins français.

On a répondu, il est vrai, que ce n'était pas dans l'intérêt de la France que cette réduction avait été stipulée, mais dans celui des États-Unis.

Nous avons peine à comprendre comment il serait possible de concevoir une stipulation commerciale qui n'aurait pas pour but, comme nous le disions tout à l'heure, l'avantage des deux parties contractantes. Oui, sans doute, en multipliant et développant leurs relations avec la France, en créant de nouveaux moyens d'échange, les États-Unis ouvrent à leur commerce de nouvelles chances de succès ; mais ce qui est vrai pour les Etats-Unis, n'est-il pas vrai pour la France ? N'est-il pas vrai qu'avant le traité de 1831, la France payait 14 fr., 21 fr., ou 42 fr. par hectolitre de vin, suivant les qualités, et que, depuis le traité, elle ne paie que 4 fr., 7 fr. et 15 fr. Et nous ne calculons pas ici l'extension que cette réduction de droits a permis à votre commerce de donner à ses exportations, extension prouvée par le chiffre des exportations, qui, de 3,528,430 fr., valeur des vins exportés en 1831, s'est élevé en 1833 à 5,223,408 fr.

N'est-il pas vrai encore, qu'avant 1830, les soieries françaises payaient un droit de 20 pour 100, et celles de Chine un droit de 30 pour 100, tandis qu'aujourd'hui les soieries françaises sont reçues sans droit, et qu'un droit de 10 pour 100 frappe encore les soieries de Chine ?

Nous dira-t-on que les États-Unis ont trouvé avantage à cette réduction? oui sans doute, comme la France ; parce que le commerce n'est qu'un échange, et que l'accroissement des exportations françaises, entraîne l'accroissement des importations américaines, et c'est cette réciprocité d'avantages qui permet d'espérer une continuation de rapports si utiles aux deux pays ; mais faut-il moins en rendre hommage à l'esprit qui a dicté une convention, dont les conséquences ont été assez heureuses pour ouvrir cette source de prospérités, et dont le rejet suffirait pour les tarir.

Ajoutons enfin que le commerce de transport de la France avec la Louisiane, se fait presque exclusivement par navires américains ; et que, chaque année, le privilége réclamé perd de son importance. Et de toutes ces considérations, vous conclurez, Messieurs, qu'une question aussi douteuse que celle de l'interprétation de l'art. 8 du traité de la Louisiane, rentrait entièrement dans le domaine des discussions diplomatiques ; que votre cabinet en a tiré tout l'avantage possible, et qu'elle ne méritait pas de fixer aussi long-temps l'attention de la Chambre.

Traité des Florides. Nous ne vous eussions pas entretenu, Messieurs, du traité passé, le 22 février 1819, entre l'Espagne et les Etats-Unis, à l'occasion de la cession des Florides, si quelques-unes des stipulations de ce traité n'avaient été, dans la dernière discussion, considérées comme se rapportant à la question qui vous sera soumise, et par une préoccupation fatale, éloignées de leur véritable sens.

Ce traité, auquel la France n'était point partie, avait pour but de régler la cession des Florides, et, en même temps, toutes les réclamations formées par des citoyens des deux pays, soit contre l'Espagne, soit contre les États-Unis.

Ces dernières stipulations sont contenues aux art. 9 , 11 et 14 du traité (1). Nous les traduisons littéralement.

(1) Voir *Pièces justificatives*, n° 12.

Art. 9.

Les deux hautes parties contractantes, animées du plus vif désir de conciliation, et dans le but de mettre un terme aux différends qui ont existé entre elles, comme aussi de confirmer la bonne intelligence, qu'elles désirent voir se maintenir entre elles, renoncent réciproquement à toutes réclamations pour les pertes ou dommages, qu'elles-mêmes, ou leurs citoyens et sujets respectifs peuvent avoir soufferts jusqu'à la signature du présent traité.

La renonciation des États-Unis s'étendra :

1° A tous les dommages dont il est question dans la convention de 1802 ;

2° A toutes réclamations, à raison des prises faites *par des corsaires français, et condamnées par des consuls français, sur le territoire et dans la juridiction espagnols* ;

3° A toutes réclamations d'indemnités, à raison de la suspension du droit de dépôt à la Nouvelle-Orléans, en 1802 ;

4° A toutes réclamations des citoyens des États-Unis *sur le gouvernement espagnol*, à raison des saisies maritimes illégales, opérées, dans les ports ou sur le territoire de l'Espagne, ou dans ses colonies ;

5° A toutes réclamations des citoyens des États-Unis *sur le gouvernement espagnol* dont les titres, sur la demande d'intervention qui en avait été faite au gouvernement des États-Unis, ont été présentés à la secrétairerie d'Etat, ou au ministre des États-Unis en Espagne, depuis la date de la convention de 1802, jusqu'à la signature du présent traité.

Art. 11.

Les États-Unis déchargeant l'Espagne de toutes demandes à venir, à raison des réclamations de leurs citoyens, auxquelles s'appliquent les renonciations présentement convenues, et les considérant comme entièrement éteintes, se chargent de faire droit à ces réclamations, jusqu'à concurrence d'une somme qui n'excèdera pas 5 millions de dollars. Pour établir la quotité et la validité de ces réclamations, une commission, composée de trois commissaires, citoyens dés Etats-Unis, sera nommée par le Président, par et avec le consentement du Sénat, laquelle commission se réunira dans la ville de Washington; et dans l'espace de 3 ans, à partir de sa première réunion, examinera et établira la quotité et la validité de toutes lés réclamations renfermées dans les catégories mentionnées ci-dessus.

Les commissaires seront autorisés à débattre, et à juger, sur serment, toute question relative auxdites réclamations, et à recevoir toute preuve authentique à leur égard. Et le gouvernement espagnol fournira tous renseignemens et tous éclaircissemens qui peuvent être en sa possession, pour satisfaire auxdites réclamations, conformément aux principes de justice, aux lois des nations, et aux stipulations du traité passé entre les deux parties, le 17 octobre 1795 ; lesdits documens seront spécifiés, quand ils seront demandés, par lesdits commissaires. Le procès-verbal des opérations desdits commissaires, ainsi que les attestations et documens produits devant eux, et relatifs aux réclamations sur lesquelles ils auront à prononcer, seront, après la clôture de leurs opérations, déposés à la secrétairerie d'état des États-Unis, et des copies en seront fournies, en totalité ou en partie, au gouvernement espagnol, s'il le requiert, à la demande du ministre espagnol aux Etats-Unis.

Art. 14.

Les Etats-Unis certifient qu'ils n'ont reçu aucune compensation de la France pour les dommages qu'ils ont éprouvés par le fait *de ses corsaires, de ses consuls et de ses tribunaux*, sur les côtes et dans les ports d'Espagne, *à la réparation desquels il est pourvu par le présent traité*; et ils présenteront un état authentique des prises faites, et de leur véritable valeur, afin que l'Espagne puisse s'en prévaloir, de la manière qu'elle le jugera juste et convenable.

Tel est le texte des articles que plusieurs membres de la Chambre, au moment où la discussion semblait être épuisée, vinrent mettre sous ses yeux, en exprimant la crainte que quelques-unes des saisies, pour lesquelles l'indemnité était demandée, n'eussent déjà été comprises dans les stipulations de ce traité. Cette crainte, ils l'exprimaient surtout pour les saisies faites à Saint-Sébastien, à Bilbao et au port du Passage ; mais si des explications n'avaient pas été demandées au gouvernement à ce sujet, à la fin d'une longue discussion, et à un moment où il ne pouvait produire les documens qu'il possédait, nous ne pouvons douter qu'il n'eût facilement levé ces scrupules.

Cela lui eût été d'autant plus facile sans doute, que c'était pendant le cours de la mission de M. Hyde de Neuville aux États-Unis, que ce traité avait été conclu, et que ce diplomate était trop habile, pour ne pas recueillir tous les documens qui pourraient éclairer le gouvernement français sur son véritable sens.

Ces honorables députés auraient pu se demander peut-être comment l'Espagne aurait consenti à se charger d'une dette qui lui était entièrement étrangère ; comment elle aurait consenti à payer aux États-Unis une indemnité pour des navires saisis en vertu d'un décret de l'empereur Napoléon, vendus à Bayonne sur le territoire français, par les autorités françaises, et dont le produit était entré dans les caisses du trésor public de France? Comment admettre qu'un traité, qui consacrerait une injustice aussi étrange, aurait été approuvé par les cortès espagnoles, comme l'a été celui des Florides?

Comment admettre encore que si l'Espagne, par une condescendance aussi bizarre que coupable, avait consenti à se charger de cette dette, dans la pénurie de ses finances, elle ne l'eût pas opposée à la France, en compensation des réglemens de

créances que la France a exigés d'elle (et certes l'occasion n'a
pas manqué)? Pourquoi enfin n'en demanderait-elle pas aujourd'hui le remboursement ?

Si ces honorables députés s'étaient adressé ces questions, ils se
seraient facilement convaincus qu'ils plaçaient la discussion sur
un terrain qui lui était entièrement étranger.

Le texte seul du traité suffisait d'ailleurs pour dissiper les
doutes.

Le paragraphe 2 de l'art. 9 s'applique aux prises faites par
les *corsaires français* et condamnés par les *consuls français* sur
le territoire et sous la juridiction espagnols, et les saisies de
Saint-Sébastien ne sont point des prises faites par des corsaires ;
elles n'ont été condamnées par aucun consul, ni par aucun
tribunal. Ce parapraphe leur est donc inapplicable.

Le paragraphe 4 du même article s'applique aux réclamations
*faites auprès du gouvernement espagnol, pour les saisies illégales
faites dans les ports ou sur les côtes ;* et les réclamations pour
les prises de Saint-Sébastien n'avaient jamais été adressées au
gouvernement espagnol, mais seulement au gouvernement
français. Les saisies de Saint-Sébastien n'y étaient donc pas
comprises.

Par l'art. 14, les Etats-Unis certifient qu'ils n'ont reçu de la
France aucune compensation pour les dommages qu'ils ont
éprouvés par le fait *de ses corsaires, de ses consuls et de ses
tribunaux* sur les côtes ou dans les ports d'Espagne ; et cette attestation est restreinte aux dommages pour lesquels il est accordé
réparation par le traité. Il faut donc se reporter à l'art. 9, qui
ne comprend pas, comme nous venons de le voir, les saisies
de Saint-Sébastien : cet article d'ailleurs parle encore des dommages causés, soit par le fait des corsaires français, soit par
suite des décisions de consuls et de tribunaux français ; et, nous
le répétons, les saisies de Saint-Sébastien ont été faites en vertu

du décret de Rambouillet, et n'ont été suivies d'aucune décision de consul ni de tribunal.

Il suffisait donc de lire avec attention les termes du traité, pour
s'assurer que ses stipulations sont inapplicables à l'indemnité ré-
clamée.

Mais aujourd'hui ces doutes, qui n'auraient jamais dû exister,
ne seront plus permis, quand il vous aura été donné connaissance, Messieurs, de l'extrait du rapport de la commission, dont
il est parlé à l'art. 11 du traité.

Ce rapport, dont la date est du 8 juin 1824, porte ce qui
suit :

« La commission a refusé de recevoir, comme réclamations
» valables contre l'Espagne, aucune de celles qui avaient pour
» objet la réparation des pertes et dommages considérables que
» la France a fait éprouver aux citoyens des États-Unis, dans
» les anciennes limites de la vieille Espagne, durant le cours
» de la période qui s'est écoulée depuis l'invasion des Français
» dans ce pays, jusqu'à leur expulsion en 1813.

» Les principes généraux du droit public n'ont pas été con-
» sidérés comme imposant à une nation la responsabilité des
» torts causés à des tiers sur son territoire, par son ennemi dé-
» claré. Le traité de 1795 n'imposait à l'Espagne aucune obli-
» gation de faire plus que d'essayer, par tous les moyens
» en son pouvoir, de protéger et de défendre les propriétés
» américaines qui se trouveraient dans l'étendue de sa juri-
» diction, et d'employer tous ses efforts pour les recouvrer et
» les faire restituer, si l'on s'en était emparé; obligation dont
» l'Espagne a senti toute l'étendue, et que certainement elle
» aurait remplie à l'égard des saisies dont il vient d'être parlé,
» s'il avait été en son pouvoir de le faire. »

A ce rapport la secrétairerie d'état ajouta en forme de note :

« Les procès-verbaux de la commission ont été soigneusement
» examinés, et il a été reconnu qu'en conformité de la décision

» ci-dessus , toutes les réclamations , qui sont ordinairement
» désignées sous le nom de réclamations de Saint-Sébastien , y
» compris toutes celles placées dans la même catégorie , ont été
» rejetées sur leur simple présentation , comme ne *rentrant*
» *pas dans l'application du traité ;* et en conséquence , la com-
» mission ne s'est pas occupée de leur examen. »

Votre commission vous dira encore , qu'il n'y a pas identité
entre les navires auxquels a été appliquée l'indemnité stipulée
au traité des Florides , et ceux compris dans les saisies de Saint-
Sébastien et de Bilbao ; et vous acquerrez ainsi la preuve la
plus complète de l'erreur dans laquelle les honorables députés
qui ont soulevé cette question ont été entraînés , et ont peut-
être entraîné une partie de la Chambre.

Permettez enfin , Messieurs , à un citoyen des Etats-Unis , au
nom de ceux de ses compatriotes dont les propriétés furent saisies dans ces contrées , de repousser avec énergie la supposition
qu'ils auraient eu la hardiesse de présenter à la France des titres de créance que l'Espagne aurait éteints.

Permettez-lui encore de s'étonner qu'on ait pu suspecter la mo-
ralité du gouvernement américain , au point de croire qu'il
comprendrait sciemment , dans l'indemnité qu'il réclame , des
dommages pour lesquels il a lui-même obtenu réparation.

Nous nous plaisons du moins à n'attribuer qu'à une erreur
involontaire une opinion qui, si elle était fondée , placerait
nos concitoyens et notre gouvernement sous le poids d'une accusation qu'il serait difficile de qualifier ; et nous ne considére-
rons la discussion que cette interprétation erronée a fait naître,
que comme l'effet d'un de ces malentendus qu'on n'a que trop
souvent l'occasion de déplorer dans le cours des délibérations
des grands corps politiques.

Ici devrait se terminer , Messieurs, la tâche que nous nous sommes imposée. Nous voulions essayer, en résumant les faits et les
discussions qu'ils ont soulevées, de vous démontrer la justice in-

contestable de l'indemnité stipulée au traité de 1831; et il nous semble, ou nous nous abusons étrangement, que nous devrions attendre avec confiance le jugement que vous serez appelés à porter.

Mais à côté des principes de justice sur lesquels se fonde notre droit, se placent des considérations d'intérêt commercial et politique, sur lesquelles il nous est impossible de ne pas nous expliquer avec toute franchise.

Les relations commerciales entre la France et les États-Unis ont pris un si grand développement, qu'il serait difficile de ne pas apprécier l'influence que pourrait exercer sur elles l'annulation du traité de 1831 ; c'est ce qu'ont fait plusieurs orateurs de la Chambre qui vous a précédés.

Il suffit de jeter un coup d'œil sur la statistique du commerce des deux pays (1), pour reconnaître le préjudice immense qui résulterait pour la France, plus que pour les États-Unis, d'une suspension de rapports amicaux.

Les importations des Etats de l'Union en France se sont élevées, en 1833, à la somme de 99,079,212 fr.; et les exportations de la France aux États-Unis, à celle de 134,965,261 fr. ; c'est-à-dire à plus du quart du commerce général maritime de la France.

Si déjà la balance d'exportation lui est si favorable, la nature des objets exportés lui rend bien plus nécessaire encore qu'aux États-Unis la continuation de relations amicales. Ce chiffre, de près de 135 millions, se compose presque en totalité de soieries, de vins, de bijouteries, d'articles de Paris, et d'objets de luxe qui ne sont pas d'une utilité indispensable aux Etats-Unis, et dont la privation n'atteindrait que les classes riches.

Vous remarquerez en outre que les exportations comprennent presque entièrement des objets manufacturés, et que de tous les marchés étrangers ouverts à l'industrie française, il n'en est pas un qui lui présente des débouchés aussi avantageux.

(1) Voir *Pièces justificatives*, n° 13.

Les marchandises que la France tire des États-Unis sont toutes, au contraire, des matières premières, et d'une absolue nécessité.

Le coton, qui figure dans le chiffre des importations de 1833, pour 36,382,947 kilogr., et qui alimente presque exclusivement vos fabriques, pourrait-il être demandé à quelque autre pays, lorsque la Turquie, l'Égypte et le Brésil, ensemble, ne vous en fournissent que 7,972,869 kilogrammes?

Les fabriques françaises pourraient-elles se le procurer par la voie du transit? il le faudrait sans doute : mais l'augmentation considérable du prix de la matière première influerait tellement sur le prix du coton manufacturé, qu'il ne pourrait plus soutenir aucune concurrence avec les produits étrangers. Nous pourrions parler des tabacs, du riz, et de tant d'autres denrées empruntées à notre sol. Nous pourrions dire encore que l'Angleterre est là pour enlever, à la première occasion, à la France les avantages qu'elle rencontre aujourd'hui sur nos marchés, du moment où la bonne intelligence cesserait de régner entre nous; que déjà la fabrication des soiries y a pris un grand développement, et que leur importation aux États-Unis s'est élevée, dès 1831, à 5,949,625 fr.

Nous pourrions dire encore que la Chine peut nous fournir, aux mêmes prix que la France, les soieries que nous demandons aujourd'hui presque exclusivement à la fabrique de Lyon, et que ce n'est qu'au moyen d'un droit différentiel de 10 pour 100, que les soieries françaises obtiennent la préférence.

Et de cette comparaison, dont nous n'avons indiqué que les points principaux, se déduira la conséquence nécessaire que les États-Unis peuvent supporter une rupture avec la France, sans compromettre les besoins essentiels de leur population; qu'ils peuvent, à plus forte raison, par l'établissement de nouveaux droits sur les marchandises françaises, en restreindre la consommation; que la France, au contraire, ne peut frapper d'aucune prohibition les importations des États-Unis, sans anéantir son industrie manufacturière; que le seul établissement de droits nouveaux sur ces importations équivaudrait, par l'élévation des prix , à une prohibition absolue , et que la suspension de nos relations, en même temps qu'elle frapperait d'un coup fatal la fabrique de Lyon, ouvrirait à l'Angleterre, à l'Allemagne et à la Chine les marchés que la France alimente presque seule aujourd'hui.

En vain on répondrait que les États-Unis ont un trop grand intérêt au commerce de transport, dont ils ont presque le monopole, pour se fermer les ports de France; ce commerce ne pourrait leur échapper; l'histoire des temps que nous venons de rappeler en est une preuve éclatante. Les matières premières nécessaires à la France devraient toujours lui parvenir , mais par des voies plus dispendieuses, par le transit. Anvers , Hambourg, l'Espagne , verraient arriver dans leurs ports , comme au temps de l'Empire , les navires américains , qui répandent aujourd'hui tant de richesses dans les ports du Hâvre , de Bordeaux et de Marseille ; mais les Américains conserveraient toujours sur ce commerce l'avantage que leur assure une navigation plus hardie et moins dispendieuse que celle des autres nations.

Que personne donc ne se méprenne sur les conséquences indispensables de tout refroidissement entre la France et les Etats-Unis , qui rappellerait un nouveau bill *of non-intercourse.*

Mais autant nous sommes convaincus de la possibilité de soutenir une lutte qui serait toujours la cause de malheurs incalculables , autant il est dans le vœu des citoyens des Etats-Unis de voir disparaître tout germe de discorde.

Les Américains, quelle qu'ait été la véritable cause de la politique française à cette époque , n'ont pas oublié qu'il y a 50 ans, le sang français a coulé à Brandywine, pour leur indépendance, et a fécondé leur sol ; le glorieux anniversaire de la liberté américaine qui, par un heureux rapprochement, se trouve être aussi celui de la signature du traité qui vous sera soumis , n'est jamais célébré dans nos cités et dans nos familles , sans qu'un hommage ne soit rendu à la France et à ses valeureux enfans.

Mais où doivent s'arrêter les limites de la reconnaissance? Les Etats-Unis, du moment où ils ont été admis dans la grande famille des nations, n'ont-ils pas eu leurs intérêts et leur honneur à défendre? La France a-t-elle, par anticipation, acquis le droit de tout faire et de tout dire? Ce serait nous faire payer bien cher les services qu'elle nous rendit autrefois. Personne, plus que nous, ne respecte l'honneur et la dignité de la France; mais aussi nous avons le droit de demander que la France respecte à son tour notre honneur et notre dignité.

Le monde a déjà vu comment un peuple de marchands, relégué sur un continent lointain, a su maintenir l'honneur de son pavillon; comment la guerre de 1812, déclarée à l'Angleterre, après de longues années de patience, s'est terminée par une paix honorable et la réparation de tous les dommages qu'elle nous avait causés, dommages de la même nature que ceux dont il s'agit aujourd'hui, et dont l'indemnité s'éleva à 33,000,000 fr. La France n'a-t-elle pas enfin à songer aux chances d'une guerre maritime qui pourrait se déclarer entre elle et quelque autre puissance? peut-elle mépriser l'amitié et les secours d'un allié qui, sur l'Océan, tient la seconde place; qui n'a point de dette, et trouve dans son propre sein des ressources immenses en crédit, en matélots, et en moyens de constructions maritimes? Ce sont là des considérations qui n'échapperont pas certainement à des hommes d'état.

On vous a dit, Messieurs, et nous avons le regret d'emprunter encore ces paroles à l'honorable orateur qui a exercé sur cette discussion un si puissant ascendant: *que l'honneur de la nation américaine ne saurait être attaché à ce que le trésor français soit livré, comme une proie, à une poignée de spéculateurs, qui probablement ne sont pas tous Américains; à ce que la France donne en curée à ces spéculateurs une somme de 25 millions, pour des créances douteuses, achetées au plus vil prix par les détenteurs actuels.* Qui aurait pu croire, Messieurs, que des considérations de cette nature auraient trouvé leur place dans cette discussion? Que faisait à la légitimité de la dette une question de transmission de propriété? une spéculation qui n'aurait d'ailleurs rien que de licite? La France elle-même a-t-elle repoussé, en 1814, ses nombreux créanciers, parce que ces créances étaient devenues l'objet de spéculations?

Mais si nous devons nous étonner de voir surgir un pareil argument, n'avons-nous pas dû gémir surtout de la manière dont il était présenté? Le gouvernement des Etats-Unis n'aurait été que le prête-nom d'agioteurs, de spéculateurs obscurs, qui se seraient disputé les richesses de la France!

Ah! du moins, quand un orateur dont la gravité est reconnue, laisse tomber de la tribune française des révélations aussi graves, l'accusation va sans doute être prouvée par des faits: cette vaste spéculation, elle va être découverte; ces agioteurs qui peut-être ne sont pas *tous Américains,* ils vont être, stigmatisés! Mais non, l'accusation reste dans le vague; l'insinuation est jetée dans les esprits; elle y a germé peut-être, mais elle ne permet pas la réfutation, parce qu'elle ne repose sur aucun fait.

Eh bien! nous, qui ne craignons pas de livrer au grand jour de la publicité ces spéculations mystérieuses dont on fait tant de bruit, nous qui voulons que tout soit dit sans arrière-pensée, que tout soit connu sans aucune réticence, nous sommons quiconque aurait à révéler des transactions honteuses, de parler hautement. Sans prétendre que, dans un laps de temps de trente années, quelques créances n'aient point passé dans d'autres mains que celles des premiers propriétaires, nous portons le défi à qui que ce soit de prouver que l'achat de ces créances soit devenu l'objet d'une vaste spéculation; et nous prouvons, au contraire, par le travail de la commission nommée aux États-Unis pour la répartition de l'indemnité, par la qualité des ayant-droit, dont la plupart sont encore, soit les anciens propriétaires, soit les compagnies d'assurances qui les avaient désintéressés; par la déclaration d'un des membres les plus honorables du barreau de Paris (1), que l'indemnité reviendra tout entière dans des mains pures de toute spéculation honteuse.

Nous prouvons que la rigueur la plus scrupuleuse a présidé à la vérification des titres des réclamans; que la nationalité des navires et des cargaisons a donné lieu à l'examen le plus sévère; et que c'est à la suite de cet examen que le chiffre des réclamations légitimes s'est élevé à 92,000,000 fr.

Non, les citoyens des États-Unis, pas plus que leur gouvernement, ne voudraient souiller leurs mains de la dilapidation du trésor de la France.

Ils n'exigent pas plus un pillage, qu'ils ne sollicitent une aumône; ce qu'ils demandent, c'est l'acquittement d'une dette sur laquelle ils ont consenti d'énormes sacrifices.

Voilà pourquoi l'honneur national est engagé.

Après dix années de protestations énergiques, suivies de vingt ans de négociations; après l'examen de plusieurs commissions spéciales, un traité solennel est conclu; les ratifications en sont échangées depuis trois ans; les stipulations commerciales qu'il contient ont reçu leur exécution; la stipulation financière qu'il renferme est telle, que les indemnisés, après vingt-cinq ans d'attente, ne recevront pas le tiers du capital de leurs créances.

Et l'une des parties contractantes viendra dire à l'autre : Vous m'avez trompé; la somme que je me suis engagé à vous payer, elle ne vous est pas due; je ne vous paierai pas. Et l'on prétend qu'il n'y a point là une question d'honneur national!

Le cabinet français viendrait-il dire que la faute n'en est pas à lui? que les États-Unis n'ignoraient pas que toute convention financière était soumise au vote des chambres françaises? Les États-Unis lui répondraient que les traités seuls règlent les rapports des états à états.

(1) Voir *Pièces justificatives*, n° 11.

Ils répondraient que lorsqu'eux-mêmes invoquaient, à l'égard du traité de la Louisiane, la constitution des États-Unis qui s'opposait aux stipulations de l'art. 8, la France sut bien leur répondre qu'elle n'avait pas à s'occuper du droit constitutionnel intérieur des états de l'Union, qu'elle ne devait connaître que le traité.

Vous le sentirez comme nous, messieurs; la question qui vous sera soumise n'est pas une de celles que la diplomatie peut renvoyer à une solution future; c'est une question d'honneur plus que d'intérêt, sur laquelle il n'est plus de concession possible. Vous n'oublierez pas, avant de déposer votre vote, qu'il s'agit du premier exemple à donner, par un gouvernement constitutionnel, de l'annulation d'un traité, par suite du rejet d'une stipulation financière; vous vous rappellerez que l'histoire parlementaire de la Grande-Bretagne et des Etats-Unis, n'offre pas d'exemple du rejet, soit par la chambre des communes, soit par la chambre des représentans de l'Union (1), d'un subside stipulé dans un traité signé par le roi d'Angleterre, ou approuvé suivant la forme constitutionnelle, par le président et le sénat américain; et vous vous demanderez si ce premier exemple doit être donné dans une cause qui réunit pour elle tous les principes du droit des gens et de la justice la plus rigoureuse, à l'égard d'une nation, votre alliée naturelle, et souvent votre alliée nécessaire; si vous annulerez enfin un traité qui porte en son sein le germe d'une prospérité durable, et dont le rejet peut gravement compromettre l'avenir commercial et politique de la France.

GEORGE M. GIBBES,
Citoyen des États-Unis.

(1) Voir *Pièces justificatives*, n° 15.

PIÈCES JUSTIFICATIVES.

PIÈCES

JUSTIFICATIVES.

———•———

N° 1.

Traité du 8 vendémiaire an 9 (30 septembre 1800), entre la République Française et les Etats-Unis.

ART. 12.

Les citoyens des deux nations pourront conduire leurs vaisseaux et marchandises (en exceptant toujours la contrebande) de tout port quelconque, dans un autre port appartenant à l'ennemi de l'autre nation. Ils pourront naviguer et commercer en toute sécurité et liberté, avec leurs navires et marchandises, dans les pays, ports et places des ennemis des deux parties, ou de l'une ou de l'autre partie, sans obstacles et sans entraves, et non-seulement passer directement des places et ports de l'ennemi sus-mentionnés, dans les ports et places neutres, mais encore de toute place appartenant à un ennemi, dans toute autre place appartenant à un ennemi, qu'elle soit ou ne soit pas soumise à la même juridiction, à moins que ces places ou ports ne soient réellement bloqués, assiégés ou investis, etc.

(46)

Art. 14.

Il est stipulé par le présent traité que les bâtimens libres assureront également
la liberté des marchandises, et qu'on jugera libres toutes les choses qui se trou-
veront à bord des navires appartenant aux citoyens d'une des parties contractantes, quand même le chargement ou partie d'icelui appartiendrait aux ennemis de l'une des deux, bien entendu néanmoins que la contrebande sera toujours
exceptée.

N° 2.

21 novembre 1806. — *Décret qui déclare les Iles-Britanniques en état de blocus.* (IV, Bull. CXVIII, n° 1998.)

Voy. *décrets du 25 novembre 1807, du 17 décembre 1807, du 11 janvier
1808.*

N... considérant,

1° Que l'Angleterre n'admet point le droit des gens suivi universellement
par tous les peuples policés ;

2° Qu'elle répute ennemi tout individu appartenant à l'État ennemi, et fait
en conséquence prisonniers de guerre, non-seulement les équipages des vaisseaux armés en guerre, mais encore les équipages des vaisseaux de commerce
et de navires marchands, et même les facteurs de commerce et les négocians
qui voyagent pour les affaires de leur négoce ;

3° Qu'elle étend aux bâtimens et marchandises du commerce et aux propriétés des particuliers le droit de conquête, qui ne peut s'appliquer qu'à ce qui appartient à l'État ennemi ;

4° Qu'elle étend aux villes et ports de commerce non fortifiés, aux havres
et aux embouchures de rivière, le droit de blocus, qui, d'après la raison et l'u-
sage de tous les peuples policés, n'est applicable qu'aux places fortes ;

Qu'elle déclare bloquées les places devant lesquelles elle n'a pas même un
seul bâtiment de guerre, quoiqu'une place ne soit bloquée que quand elle est
tellement investie, qu'on ne puisse tenter de s'en approcher sans un danger
imminent ;

Qu'elle déclare même en état de blocus des lieux que toutes ses forces réu-
nies seraient incapables de bloquer, des côtes entières et tout un empire ;

5° Que cet abus monstrueux du droit de blocus n'a d'autre but que d'empêcher les communications entre les peuples, et d'élever le commerce et l'industrie de l'Angleterre sur la ruine de l'industrie et du commerce du continent ;

6° Que tel étant le but évident de l'Angleterre, quiconque fait sur le continent le commerce des marchandises anglaises favorise par là ses desseins, et s'en rend le complice ;

7° Que cette conduite de l'Angleterre, digne en tout des premiers âges de la barbarie, a profité à cette puissance au détriment de toutes les autres ;

8° Qu'il est de droit naturel d'opposer à l'ennemi les armes dont il se sert et de le combattre de la même manière qu'il combat, lorsqu'il méconnaît toutes les idées de justice et tous les sentimens libéraux, résultat de la civilisation parmi les hommes ;

Nous avons résolu d'appliquer à l'Angleterre les usages qu'elle a consacrés dans sa législation maritime.

Les dispositions du présent décret seront constamment considérées comme principe fondamental de l'empire, jusqu'à ce que l'Angleterre ait reconnu que le droit de la guerre est un, et le même sur terre que sur mer ; qu'il ne peut s'étendre ni aux propriétés privées, quelles qu'elles soient, ni à la personne des individus étrangers à la profession des armes, et que le droit de blocus doit être restreint aux places fortes réellement investies par des forces suffisantes.

Nous avons, en conséquence, décrété et décrétons ce qui suit :

Art. 1er. Les Iles-Britanniques sont déclarées en état de blocus.

2. Tout commerce et toute correspondance avec les Iles-Britanniques sont interdits.

En conséquence, les lettres ou paquets adressés, ou en Angleterre ou à un Anglais, ou écrits en langue anglaise, n'auront pas cours aux postes et seront saisis.

3. Tout individu sujet de l'Angleterre, de quelque état ou condition qu'il soit, qui sera trouvé dans les pays occupés par nos troupes ou par celles de nos alliés, sera fait prisonnier de guerre.

4. Tout magasin, toute marchandise, toute propriété, de quelque nature qu'elle puisse être, appartenant à un sujet de l'Angleterre, sera déclaré de bonne prise.

5. Le commerce des marchandises anglaises est défendu, et toute marchan-

dise appartenant à l'Angleterre, ou provenant de ses fabriques ou de ses colonies, est déclaré de bonne prise.

6. La moitié du produit de la confiscation des marchandises et propriétés, déclarées de bonne prise par les articles précédens, sera employée à indemniser les négocians des pertes qu'ils ont éprouvées, par la prise des bâtimens de commerce qui ont été enlevés par des croisières anglaises.

7. Aucun bâtiment venant directement de l'Angleterre ou des colonies anglaises, ou y ayant été, depuis la publication du présent décret, ne sera reçu dans aucun port.

8. Tout bâtiment qui, au moyen d'une fausse déclaration, contreviendrait à la disposition ci-dessus, sera saisi; et le navire et la cargaison seront confisqués comme s'ils étaient propriété anglaise.

9. Notre tribunal des prises de Paris est chargé du jugement définitif de toutes contestations qui pourront survenir dans notre empire ou dans les pays occupés par l'armée française, relativement à l'exécution du présent décret. Notre tribunal des prises à Milan sera chargé du jugement définitif desdites contestations qui pourront survenir dans l'étendue de notre royaume d'Italie.

10. Communication du présent décret sera donnée, par notre ministre des relations extérieures, aux rois d'Espagne, de Naples, de Hollande et d'Étrurie, et à nos autres alliés, dont les sujets sont victimes, comme les nôtres, de l'injustice et de la barbarie de la législation maritime anglaise.

11. Nos ministres des relations extérieures, de la guerre, de la marine, des finances, de la police, et les directeurs-généraux des postes, sont chargés de l'exécution dn présent décret.

N° 3.

23 novembre 1807. — *Décret portant saisie et confiscation des bâtimens qui, après avoir touché en Angleterre, entreront dans les ports de France.* (IV, Bull. CLXXII, n° 2912.)

Voy. *décrets du 17 décembre 1807, du 11 janvier 1808, du 11 août 1808.*

Art. 1er. Tous les bâtimens qui, après avoir touché en Angleterre, par quelque motif que ce soit, entreront dans les ports de France, seront saisis et confisqués, ainsi que les cargaisons, sans exception ni distinction de denrées et marchandises.

2. Les capitaines des bâtimens qui entreront dans les ports de France, devront, dans le jour de leur arrivée, faire au bureau des douanes impériales une déclaration du lieu de leur départ, de ceux où ils ont relâché, et lui présenter leurs manifestes, connaissemens, papiers de mer et livres de bord.

Lorsque le capitaine aura signé et remis sa déclaration, et communiqué ses papiers, le chef des douanes interrogera séparément les matelots, en présence des deux principaux préposés. S'il résulte de cet interrogatoire que le bâtiment a touché en Angleterre, indépendamment de la saisie et confiscation dudit bâtiment et de sa cargaison, le capitaine sera, ainsi que ceux des matelots qui, dans leur interrogatoire, auraient fait une fausse déclaration, constitué prisonnier, et ne sera mis en liberté qu'après avoir payé une somme de six mille francs pour son amende personnelle, et celle de cinq cents francs pour chacun des matelots arrêtés, sans préjudice des peines encourues par ceux qui falsifient leurs papiers de mer et livres de bord.

3. Si des avis et renseignemens, donnés aux directeurs de nos douanes, élèvent des soupçons sur l'origine des cargaisons, elles seront mises provisoirement en entrepôt, jusqu'à ce qu'il ait été reconnu et décidé qu'elles ne proviennent ni d'Angleterre ni de ses colonies.

4. Nos commissaires des relations commerciales, qui délivreront des certificats d'origine pour les marchandises qui seront chargées dans les ports de leur résidence, à destination de ceux de France, ne se borneront pas à attester que les marchandises ou denrées ne viennent, ni d'Angleterre, ni de ses colonies et de son commerce; ils indiqueront le lieu de l'origine, les pièces qui leur ont été présentées à l'appui de la déclaration qui leur a été faite, et le nom du bâtiment à bord duquel elles ont été transportées primitivement, du lieu de l'origine dans celui de leur résidence.

Ils adresseront un duplicata de leur certificat à notre Conseiller-d'État directeur général de nos douanes.

5. Nos ministres des relations extérieures, de la guerre et des finances sont chargés de l'exécution du présent décret.

17 DÉCEMBRE 1807. — *Décret contenant de nouvelles mesures contre le système maritime de l'Angleterre.* (IV , Bull. CLXIX , n° 2890.)

Voy. *décret du 21 novembre 1806, et du 11 janvier 1808.*

N.... vu les dispositions arrêtées par le Gouvernement britannique, en date du 11 novembre dernier, qui assujétissent les bâtimens des puissances neutres, amies et même alliées de l'Angleterre, non-seulement à une visite par les croiseurs anglais, mais encore à une station obligée en Angleterre, et à une imposition arbitraire de tant pour cent sur leur chargement, qui doit être réglée par la législation anglaise ;

Considérant que, par ces actes, le Gouvernement anglais a dénationalisé les bâtimens de toutes les nations d'Europe ; qu'il n'est au pouvoir d'aucun gouvernement de transiger sur son indépendance et sur ses droits, tous les souverains de l'Europe étant solidaires de la souveraineté et de l'indépendance de leur pavillon ; que si, par une faiblesse inexcusable et qui serait une tache ineffaçable aux yeux de la postérité, on laissait passer en principe et consacrer par l'usage une parcille tyrannie, les Anglais en prendraient acte pour l'établir en droit, comme ils ont profité de la tolérance des gouvernemens pour établir l'infâme principe que le pavillon ne couvre pas la marchandise, et pour donner à leur droit de *blocus* une extension arbitraire et attentatoire à la souveraineté de tous les États ;

Nous avons décrété et décrétons ce qui suit :

Art. 1ᵉʳ. Tout bâtiment, de quelque nation qu'il soit, qui aura souffert la visite d'un vaisseau anglais, ou se sera soumis à un voyage en Angleterre, ou aura payé une imposition quelconque au Gouvernement anglais, est, par cela seul, déclaré dénationalisé, et a perdu la garantie de son pavillon, et est devenu propriété anglaise.

2. Soit que lesdits bâtimens, ainsi dénationalisés par les mesures arbitraires du Gouvernement anglais, entrent dans nos ports ou dans ceux de nos alliés, soit qu'ils tombent au pouvoir de nos vaisseaux de guerre ou de nos corsaires, ils seront déclarés de bonne et valable prise.

3. Les Iles-Britanniques sont déclarées en état de blocus, sur mer comme sur terre.

Tout bâtiment de quelque nation qu'il soit, quel que soit son chargement, expédié des ports de l'Angleterre ou des colonies anglaises, ou de pays occupés par les troupes anglaises, ou allant en Angleterre, ou dans les colonies anglaises, ou dans des pays occupés par les troupes anglaises, est de bonne prise, comme contrevenant au présent décret ; il sera capturé par nos vaisseaux de guerre ou par nos corsaires, et adjugé au capteur.

4. Ces mesures, qui ne sont qu'une juste réciprocité pour le système barbare adopté par le Gouvernement anglais, qui assimile sa législation à celle d'Alger, cesseront d'avoir leur effet pour toutes les nations qui sauraient obliger le Gouvernement anglais à respecter leur pavillon.

Elles continueront d'être en vigueur pendant tout le temps que ce Gouvernement ne reviendra pas aux principes du droit des gens, qui règle les relations des États civilisés dans l'état de guerre. Les dispositions du présent décret seront abrogées et nulles par le fait, dès que le Gouvernement anglais sera revenu aux principes du droit des gens, qui sont aussi ceux de la justice et de l'honneur.

6. Tous nos ministres sont chargés de l'exécution du présent décret.

N° 4.

Lettre de M. Decrès, ministre de la marine, au général Armstrong, ministre-plénipotentiaire des États-Unis en France.

Paris, 24 décembre 1807.

Je me hâte de répondre à la note que vous m'avez fait l'honneur de m'adresser le 20 de ce mois.

Je considère le décret impérial du 21 novembre dernier, comme étant loin d'apporter aucune modification aux règles suivies présentement en France, à l'égard des neutres, ni par conséquent à la convention du 30 septembre 1800, avec les États-Unis d'Amérique ; mais quoique cette réponse résolve implicitement, je pense, les quatre questions sur lesquelles Votre Excellence a désiré connaître mon opinion, je puis ajouter :

1° Que la déclaration contenue à l'art. 1er du décret du 21 novembre, ne changeant en rien les lois françaises actuelles sur les prises maritimes, il n'y a nul motif de rechercher quelle interprétation, restrictive ou extensive, cet article peut recevoir ;

2° Que les prises faites en contravention aux règles actuelles, sur les croisières, ne seront pas allouées aux capteurs ;

3° Qu'un navire américain ne peut pas être pris en mer, par le seul motif qu'il se rend dans un port d'Angleterre ou qu'il en revient, parce que, conformément à l'art. 7 du décret, nous nous sommes bornés à ne pas recevoir en France des vaisseaux venant d'Angleterre ou des colonies anglaises ;

4° Que les dispositions des articles 2 et 5 dudit décret s'appliquent naturellement aux citoyens étrangers domiciliés en France, ou dans les pays occupés par les troupes de Sa Majesté l'Empereur et Roi, d'autant plus qu'ils ont le caractère d'une loi générale, mais qu'il sera convenable que Votre Excellence s'entende avec le ministre des relations extérieures, pour ce qui intéresse la correspondance des citoyens des États-Unis avec l'Angleterre.

Je prie Votre Excellence de recevoir l'assurance de ma haute considération,

. DECRÈS.

N° 5.

Acte établissant un embargo sur tous les navires et bâtimens, dans les ports et havres des États-Unis (22 décembre 1807).

Section 1re. Il a été arrêté, par le sénat et la chambre des représentans des États-Unis d'Amérique assemblés en congrès, qu'un embargo sera et est établi sur tous les bâtimens et navires, dans les ports qui se trouvent dans les limites et sous la juridiction des États-Unis, munis ou non munis de leurs papiers de bord, dont la destination est un port étranger ; et aucun papier de bord ne sera délivré à aucun navire ou bâtiment ayant une semblable destination, excepté aux vaisseaux qui seront sous la direction immédiate du président des États-Unis.

Le président est autorisé à donner aux officiers de la douane et de la marine les instructions qu'il jugera les plus convenables pour l'entière exécution des présentes, pourvu qu'il n'en résulte aucun obstacle pour le départ des navires étrangers, soit en relâche, soit chargés de denrées ou marchandises, quand les présentes leur seront notifiées.

Il est encore arrêté, que, tant que le présent acte restera en vigueur, aucun bâtiment, ayant à bord des denrées ou marchandises, ne pourra partir d'un port des États-Unis pour un port des États-Unis, sans que le capitaine, le propriétaire, le consignataire ou le facteur de ce bâtiment, n'ait garanti, avec une ou plusieurs cautions, vis-à-vis du receveur du district d'où il s'est obligé à partir, par une somme double de la valeur du bâtiment et de la cargaison, que les mêmes denrées et marchandises seront transportées dans quelque port des États

Unis, excepté dans les cas de dangers de mer. Cette garantie, ainsi qu'un certificat du receveur du district où le bâtiment peut aborder, seront transmis par chaque receveur au secrétaire de la trésorerie. Tous vaisseaux de guerre, porteurs de commissions publiques de puissances étrangères, ne sont pas considérés comme soumis à l'embargo établi par le présent acte.

Cet acte fut suivi :

1° D'un acte du 9 janvier 1808, qui établissait des peines pour ceux qui violeraient l'embargo ;

2° D'un acte du 12 mars 1808, défendant tout transport à l'étranger par terre ou par mer, de toute marchandise américaine ou étrangère, sous peine de confiscation des moyens de transport et d'une amende ;

3° D'un acte du 22 avril 1808, autorisant le président à suspendre l'embargo, s'il y a paix ou suspension d'hostilités entre les puissances belligérantes de l'Europe ;

4° D'un acte du 25 avril 1808, contenant plusieurs dispositions additionnelles, sur la garantie à fournir et la permission de naviguer à obtenir du président des États-Unis ;

5° D'un acte du 9 janvier 1809, contenant encore de nouvelles dispositions pour l'exécution de l'embargo.

N° 6.

Extrait de l'acte of non-intercourse, interdisant toutes relations commerciales entre les Etats-Unis, la Grande-Bretagne et la France. (1er mars 1809.)

Section 1re. L'entrée des ports et des havres de l'Union est interdite à tout navire appartenant à la Grande-Bretagne ou à la France, après le 1er mars 1809, à moins qu'il ne soit en détresse ou chargé de dépêches.

Section 3. A partir du 20 mai 1809, l'entrée desdits ports et havres est interdite à tous bâtimens anglais ou français ; et en cas de violation de ladite interdiction, lesdits bâtimens seront saisis ainsi que la cargaison.

Section 4. A partir du 20 mai 1809, toute importation de marchandise anglaise ou française dans les États-Unis, est prohibée.

Le président est autorisé, dans le cas ou la France ou l'Angleterre révoqueraient ou modifieraient leurs décrets, à révoquer les présentes, après quoi, le commerce suspendu par le présent acte sera rétabli.

Section 13. Les propriétaires des navires, qui désirent se rendre dans les ports avec lesquels le commerce est permis en vertu des présentes, devront se munir de certificats, et fournir les garanties exigées.

Section 19. Le présent acte ne conservera son effet que jusqu'à la fin de la prochaine session du congrès.

Nota : En conséquence des pouvoirs donnés au président par la section 11, sur la déclaration officielle de M. Erskine, ministre d'Angleterre, que les ordres du conseil de 1806 seraient rappelés, à l'égard des États-Unis, à partir du 10 juin 1809. M. Madison proclama, le 19 avril, le rappel de l'acte de non-intercourse, mais, le 9 août 1809, une autre proclamation de M. Madison, annonça qu'il était officiellement informé, que les ordres du conseil n'avaient pas été révoqués, et que, par conséquent, les relations commerciales demeuraient placées sous les défenses portées aux divers actes qui en avaient prononcé la suspension.

Un acte du congrès, du 29 juin 1809, prorogea l'application de *l'acte de non-intercourse* jusqu'au 1er mai 1810.

N° 7.

Lettre du général Armstrong au comte Champagny, ministre des affaires étrangères, en lui notifiant le bill de non-intercourse.

Paris, 29 avril 1809.

Le soussigné, ministre plénipotentiaire des États-Unis, a l'honneur de remettre, en double, à Monsieur le Ministre des relations extérieures, la copie d'une loi passée récemment par le congrès des États-Unis.

Cette loi, comme on peut le voir par plusieurs de ses dispositions, a été rendue nécessaire par les circonstances extraordinaires où se trouvent les États de l'Union, et doit être regardée comme une mesure de précaution, prise dans le but seulement de protéger leurs propriétés et leurs droits, comme aussi d'en appeler encore une fois aux intérêts et à la justice de ceux qui voudraient les anéantir.

Votre Excellence peut recevoir l'assurance que, si rien n'a causé plus de peine aux États-Unis que la nécessité qui les a forcés à l'adoption de cette mesure, rien ne leur causera plus de plaisir que de voir cesser cette nécessité. Il est dans l'esprit de cette déclaration, le soussigné est autorisé à l'ajouter, que toute interprétation des décrets des 21 novembre 1806 et 17 décembre 1807, qui aura l'effet de conserver intacts les droits maritimes de l'Union, sera immédiatement suivie de la révocation du présent acte, et du rétablissement des rapports de commerce ordinaires entre les deux pays.

J'ai l'honneur, etc.

Signé D. ARMSTRONG.

N° 8.

Extrait de l'Acte du congrès du 1ᵉʳ mai 1810.

Section 1ʳᵉ. A partir de la publication du présent acte, aucun bâtiment anglais ou français ne pourra entrer dans les ports de l'Union.

Section 4. Dans le cas où la Grande-Bretagne ou la France, avant le 5 mars 1811, viendrait à révoquer ou à modifier ses décrets, et cesserait de faire violence au commerce neutre des États-Unis, le président le déclarera par une proclamation ; et si l'autre nation ne suit pas cet exemple, l'acte de *non-intercourse* sera remis en vigueur contre elle, trois mois à partir de la proclamation du président.

Nota. Un acte du congrès du 2 mars 1811, porta que si la Grande-Bretagne révoquait ou modifiait ses ordres du conseil, le président le déclarerait par une proclamation, que, dans le cas contraire, le *bill de non-intercourse* seroit rétabli à son égard.

Cet acte ne cessa d'avoir son effet que par la révocation qui en fut prononcée le 14 avril 1814.

N° 9.

23 mars 1810. — Décret qui ordonne la saisie et la vente des bâtimens sous le pavillon des Etats-Unis entrés dans les ports de France, à compter du 20 mai 1809. (IV, Bulletin CCLXXXVI, n° 5402.)

N........ considérant que le Gouvernement des États-Unis, par un acte du 1er mars 1809 qui défend l'entrée des ports, havres et rivières desdits États à tous vaisseaux français, ordonne,

1° Qu'à compter du 20 mai suivant, les bâtimens sous le pavillon français, qui aborderont aux États-Unis, seront saisis et confisqués ainsi que leurs cargaisons ;

2° Qu'après la même époque, aucunes marchandises et productions, provenant du sol et des manufactures de France ou de ses colonies, ne pourront être importées dans lesdits États-Unis, d'aucun port ou lieu étranger quelconque, sous peine de saisie, confiscation et amende de trois fois la valeur des marchandises ;

3° Que les navires américains ne pourront se rendre dans aucun port de France, de ses colonies ou dépendances.

Nous avons décrété et décrétons ce qui suit :

Art. 1er. Tous les bâtimens naviguant sous pavillon des États-Unis, ou possédés en entier ou en partie par quelque citoyen ou sujet de cette puissance, qui, à compter du 20 mai 1809, seraient entrés ou entreront dans les ports de notre empire, de nos colonies, ou des pays occupés par nos armées, seront saisis, et les produits des ventes seront déposés à la caisse d'amortissement.

Sont exceptés de cette disposition les bâtimens qui seraient chargés de dépêches ou de commission du Gouvernement desdits États, et qui n'auraient ni chargement ni marchandises à bord.

2. Notre grand-juge ministre de la justice et notre ministre des finances sont chargés de l'exécution du présent décret.

N° 10.

Décret rendu au palais de Trianon, le 5 août 1810, sur le rapport fait en conseil de commerce et des manufactures.

Considérant :

1° Que le Gouvernement des États-Unis ne s'est pas borné, par son acte du 1er mars 1809, à ordonner qu'à dater du 20 mai suivant, les bâtimens et marchandises françaises qui entreraient dans ses ports, seraient mis sous le séquestre ; mais qu'il a ordonné la confiscation desdits bâtimens et marchandises ;

2° Qu'il a établi, par le même acte, que, lorsque les communications avec la France viendraient à se rétablir, les confiscations continueraient à avoir leur effet ;

3° Que l'acte du 1er mars 1809 a été mis en exécution, toutes les fois que l'occasion s'en est présentée, non-seulement contre les marchandises, mais aussi contre les bâtimens français ;

Nous avons ordonné et ordonnons ce qui suit :

1° Les fonds provenant des ventes des marchandises américaines qui ont été effectuées jusqu'à ce jour, et dont le montant avait été mis en dépôt à la caisse d'amortissement, seront transportés au trésor public ;

2° Les marchandises américaines qui sont encore sous le séquestre, seront mises en vente, et les fonds en provenant versés au trésor public ;

3° Les bâtimens américains sur le sort desquels il n'avait pas été statué jusqu'à ce jour, seront également mis en vente, et les fonds en provenant versés au trésor public ;

4° Attendu que l'acte des États-Unis, du 1er mars 1809, ne contient aucune disposition contre les équipages de nos bâtimens, voulant toujours traiter les États-Unis aussi favorablement qu'il nous est possible, et n'usant qu'à regret du droit de représailles à leur égard, nous entendons que les équipages des bâtimens américains entrés dans nos ports, ne soient point considérés comme prisonniers, mais soient renvoyés dans leur patrie ;

5° Les dispositions ci-dessus seront exécutées à l'égard de tous les bâtimens américains entrés et séquestrés dans nos ports, depuis le 20 mai 1809 jusqu'au 1er mai de la présente année 1810, date de l'acte par lequel les États-Unis ont révoqué celui du 1er mars 1809 ;

6° A l'avenir, et jusqu'au 1er novembre prochain (époque fixée par la lettre de notre ministre des relations extérieures au plénipotentiaire des États-Unis, pour la révocation de nos décrets de Berlin et de Milan, dans les cas où les conditions établies dans ladite lettre seraient remplies), les navires américains pourront entrer dans nos ports; mais leur débarquement ne pourra avoir lieu à moins qu'ils ne soient munis d'une licence signée de notre main, sur un rapport fait en conseil de commerce, constatant qu'ils n'ont pas été dénationalisés par leur soumission aux arrêts du conseil britannique, et qu'ils n'ont point contrevenu à nos décrets de Berlin et de Milan.

Nota. Il résulte des considérans de ce décret, que Napoléon a entendu agir contre les États-Unis par voie de représailles, et leur appliquer les mesures qu'ils avaient prises eux-mêmes contre les bâtimens français.

Napoléon connaissait, dès le mois de juin 1809, l'acte de *non-intercourse*; et loin de s'en irriter, il entra dès-lors, avec les États-Unis, en voie d'arrangement, ainsi que le rappelle la correspondance du ministre des États-Unis, insérée au *Moniteur* du 8 août 1810.

Le décret se fonde sur la confiscation mise à exécution contre les marchandises et les bâtimens français, toutes les fois que l'occasion s'en est présentée; et il est constant qu'il n'y a *pas eu une seule confiscation* de marchandises ou de navires français.

Le décret prétend traiter les États-Unis, comme ils ont traité la France, en fixant l'époque de la saisie des navires au 20 mai 1809, date fixée par l'acte du congrès américain; mais il oublie que cet acte était du 1er mars 1809 : que de ce jour, au 20 mai suivant, il se contentait d'interdire aux navires français l'entrée des ports de l'Union, et qu'il ne prononçait leur saisie qu'à partir du 20 mai, c'est-à-dire, 80 jours après la promulgation de l'acte de *non-intercourse*, délai suffisant pour que chacun en eût connaissance.

Le décret de Trianon, au contraire, paraît le 5 août 1810; et par, une disposition toute rétroactive, frappe de confiscation, comme l'avait déjà fait le décret de Rambouillet, les navires entrés dans les ports de France depuis le 20 mai 1809, c'est-à-dire, 14 mois auparavant, sous l'empire d'une législation différente, et entre autres les navires qui n'étaient entrés à Saint-Sébastien que sur l'invitation de l'autorité française, et qui avoient été de force, dès le 10 février 1810, amenés et vendus à Bayonne.

Ce rapprochement suffit pour démontrer qu'il n'y a nulle ressemblance entre l'acte de *non-intercourse* qui ne statuait que pour l'avenir, et le décret de Trianon qui proclamait ouvertement le principe de la rétroactivité.

État nominatif des navires américains séquestrés en Espagne, amenés à Bayonne par ordre du gouvernement impérial, et vendus en ce port avec leurs cargaisons.

N°s	Nom des navires.	Noms du capitaine et date du séquestre.	Décision en vertu de laquelle la vente a eu lieu.	Produit net de la vente, non compris les droits.	Montant des droits de douane.	Emploi des navires	Valeur reconnue au rapport de la commission des États-Unis.	OBSERVATIONS.
1	Exchange.	Capit. Dye. déc. 1809.	Ord. du chef du gouv.	204,930 16	22,130 78	Délivré à l'adm. de la Mar.	294,660 77	
2	Betzy.	— Holmes, 28 déc. 1809.	Id.	110,939 72	68,478	Vendu pour 4,000 fr.	179,391 29	
3	Young Connecticut.	— Rollo, 1810.	Id.	269,655 34	34,572 79	Id. pour 25,300 fr.	465,147 04	
4	Trim.	— Bunbury, déc. 1809.	Id.	254,655 26	135,276 60	Délivré à la marine.	522,547 88	
5	Perseverance.	— Oliver, 1809.	Id.	51,007 96	14,747 04	Retenu à Bilbao.	35,819 22	Deux navires se trouvent sous ce nom en rapport, nous prenons celui dont la valeur est la plus faible.
6	Two sous.	— 1809.	Id.	181,654 26	96,942 28	Id.	120,586 52	
7	Roebuck.	— Sloan, janv. 1810.	Id.	209,793 56	74,568 16	Vendu 3,500 fr.	227,124 64	
8	Postboy de Baltimore.	— Adams, déc. 1809.	Id.	198,779 55	25,570 58	Remis à la marine.	528,875 40	
9	Radius.	— janv. 1810.	Id.	788,850 24	119,392 68	Retenu à Saint-Sébastien.	559,586 17	
10	Commodore Rodgers.	— Shaler, 1809.	Id.	436,537 06	183,011 14	Remis à la marine.	205,482 80	
11	Eleanor.	— Gover, 1809.	Id.	591,013 28	126,258 20	Id.	192,094 35	
12	Camilla.	— 1810.	Id.	176,971 24	416,175 03	Retenu à Saint-Sébastien.	346,165 81	
13	Sally.	— Hollingworth, 1810.	Id.	36,261 48	21,512 48	Vendu pour 8,400 fr.	73,008 97	
14	Freedom.	— Murray, 1810.	Id.	97,585 20	167,809 07	Id. pour 2600 fr.	106,999 59	
15	Hawk.	— Bond, 14 janv. 1810.	Id.	159,016 38	206,713 78	Id. pour 1,575 fr.	249,689 41	
16	Rose inbloom.	— Olcott, mars 1810.	Id.	292,755 66	414,026 14	Id. pour 16,300 fr.	585,008 55	
17	Hawk.	— Goff, 11 janv. 1810.	Id.	74,464 58	113,711 40	Remis à la marine.	168,750 59	
18	Enterprise.	— Brown, déc. 1809.	Id.			Vendu 4,110 fr.	56,675 59	La cargaison était vendue avant la saisie.
19	Postboy de Philadelphie.	— Spanier, mars 1810.	Id.	173,919 38	216,783 90	Vendu 51,000 fr.	507,844 31	
20	Fawn.	— Young, avril 1810.	Id.	47,276 47	183,480	Remis à la marine.	176,090 38	
21	St.-Tamany.	— Hussey, déc. 1809.	Id.	145,808 69	177,492 69	Vendu 4,500 fr.	104,208 76	
22	Prosper.	— Selby, janv. 1810.	Id.	152,942 45	536,199 88	Remis à la marine.	288,014 07	
23	Mary Ann.		Id.	258,906 17	304,592 63	Vendu 8,400 fr.		Ne concorde pas avec les énonciations contenues au rapport.
24	Fox.	— Cullen.	Id.	260,266 54	449,539 64	Vendu 50,200 fr.	582,499 08	
25	Wells.	— Lamson, déc. 1809.	Id.	185,965 64	513,003 96	Id. pour 4,900 fr.	205,198 24	
26	Andrew.	— Coggins, déc. 1809.	Id.	164,699 24	229,520 50	Id. pour 25,000 fr.	173,991 29	
27	Britannia.	— Bunker, janv. 1810.	Id.	34,173 16	75,963 80	Retenu à Saint-Ander.	50,294 46	
28	Hetty.	— Woodbury, j. 1810.	Id.	55,196 23	95,256 26	Vendu 2,100 fr.	94,442 43	
29	Tantivy.	— Perley, janv. 1810.	Id.	496,671 79	387,291 55	Id. pour 42,300 fr.	775,881 39	
30	Eagle.	— Alston, 1809.	Id.	242,456 46	206,753 80	Id. pour 19,500 fr.	383,112 82	
31	Hawk.	— Brown.	Id.	557,146 56	844,992 91	Remis à la marine.	954,961 86	
32	Salem.	— Cheever, juill. 1809.	Id.	85,015 60	141,746	Vendu 6,5000 fr.	199,198 37	
33	Spencer.	— Maffat, déc. 1809.	Id.	150,725 48	176,444 41	Remis au propriétaire.	475,883 24	
34	Wilkinson.		Id.	242,855 74	578,506 18	Vendu 15,900 fr.		Ce nom ne se trouve pas au rapport.
35	Sally.	— Scott, 1810.	Id.	428,550 21	461,760 28	Remis au capitaine.	537,506 96	
36	Franklin.	— Hyatt.	Id.	407,970 49	495,167 4	Vendu prix inconnu.	640,861 65	
	Cotons avar. et échantil.		Id.	10,565 18	37,285 51			
	TOTAUX.			7,197,181 10	8,206,935 27	250.783	9,924,798 36	

N° 12.

Extrait du traité passé le 22 février 1819, entre l'Espagne et les États-Unis, au sujet de la cession des Florides.

Article 9.

The two high contracting parties, animated with the most earnest desire of conciliation, and with the object of putting an end to all the differences, which have existed between them, and of confirming the good understanding, which they wish to be for ever maintained between them, reciprocally renounce all claims for damages or injuries which they, themselves, as well as their respective citizens and subjects, may have suffered until the time of signing this treaty.

The renunciation of the United-States will extend to all the injuries mentioned in the convention of the 11th of august 1802.

2° To all claims on account of prizes made by french privateers, and condemned by french consuls, within the territory and jurisdiction of Spain.

3° To all claims of indemnities on account of the suspension of the right of deposit at New-Orleans, in the year 1802.

4° To all claims of citizens of the United-States, upon the government of Spain, arising from the unlawful seizures at sea, and in the ports and territories of Spain, or the spanish colonies.

5° To all claims of citizens of the United-States upon the spanish government, statements of which, soliciting the interposition of the government of the United-States, have been presented to the department of state, or to the minister of the United-States in Spain, since the date of the convention of 1802, and until the signature of this treaty.

Article 11.

The United-States, exonerating Spain from all demands in future, on account of the claims of their citizens, to which the renunciations herein contained extend, and considering them entirely cancelled, undertake to make satisfaction for the same, to an amount not exceeding five millions of dollars.

To ascertain the full amount and validity of these claims, a commission, to consist of three commissionners, citizens of the United-States, shall be appointed by the president, by and with the advice and consent of the senate, which commission shall meet at the city of Washington, and, within the space of three years, from the time of their first meeting, shall receive, examine, and decide upon the amount and validity of all the claims, included within the descriptions above mentionned. .

The said commissionners shall be authorised to hear and examine, on oath, every question relative to the said claaims, and to receive all suitable authentic testimony concerning she sames. And the spanish government shall furnish all such documents and elucidations as may be in their possession for the adjustment of the said claims, according to the principles of justice, the laws of nations, and the stipulations of the treaty, between the two parties, of 27th october 1795; the said documents to be specified, when demanded, at the instance of the said commissionners.

The records of the proceedings of the said commissionners, together with the vouchers and documents produced before them, relative to the claims to be adjusted and decided upon by them, shall, after the close of their transactions, he deposited in the department of state of the United-States; and copies of them, or any part of them, shall be furnished to the spanish government, if required, at the demand of the spanish minister in the United-States.

Article 14.

The United-States hereby certify that they have not received any compensation from France, for the injuries they suffered from her privateers, consuls, and tribunals, on the coasts and in the ports of Spain, for the satisfaction of which provision is made by this treaty; and they will present an authentic statement of the prizes made, and of their true value, that Spain may avail herself of the same, in such manner as she may deem just and proper.

N° 13.

Importations en 1832.

La valeur totale des importations des États-Unis en France
en 1832, a été de. . . . . 89,359,687 f.

Ces importations comprenaient des matières premières nécessaires aux manufactures pour. . . . . 75,144,258 f.

Le Piémont, dont les importations en matières premières ,
furent les plus considérables, après celles des États-Unis, n'en
a fourni que pour. 47,837,000

La France n'en a tiré d'Angleterre que pour. 17,940,908

Exportations en 1832.

La valeur totale des exportations de France par mer dans
cette même année, a été de. 488,731,372

Dans lesquelles les exportations aux États-Unis figurent
pour. 87,630,912

Et comprennent des objets manufacturés pour. 73,462,882

Tandis que les exportations d'objets manufacturés de
France en Angleterre qui tient le second rang dans le commerce d'exportation, ne se sont élevées qu'à. 44,128,477

(Voyez le supplément au premier rapport de MM. Villiers et Bowring, sur
les relations commerciales de la France.)

Importations en 1833.

La valeur totale des importations en France par mer en
1833, a été de. . . . . 467,117,176 f.

Les importations des États-Unis y figurent pour. 99,079,212

Sur lesquelles les objets nécessaires aux manufactures, s'é-
lèvent à. 86,105,445

Tandis que la valeur des objets nécessaires aux manufactures importés d'Angleterre, n'a été que de. 23,154,194

Exportations en 1833.

La valeur totale des exportations de France par mer en
1833, a été de. 550,408,559

Sur lesquels il a été exporté aux États-Unis pour. 134,965,261

Qui comprenaient en objets manufacturés. 117,396,336

Tandis que la valeur des articles manufacturés exportés en

Angleterre, n'a été que de. . . . . 45,454,287 f.

Le total des importations de coton en France en 1833, a
été de. . . . . 44,355,816 k.
Sur lesquels il a été importé des États-Unis. . . . . 36,382,947 k.
D'après un rapport officiel présenté au congrès des États-
Unis, les exportations de vins français en 1831, avant la ré-
duction de droits stipulée au traité de 1831, se sont élevées à. 3,528,430 f.
653,413 dollars environ.
La valeur des vins français exportés aux États-Unis en
1833, a été de. 5,223,408
Augmentation qui doit être principalement attribuée aux
conséquences du traité.
La valeur des soieries exportées de France aux États-Unis
en 1833, a été de. 71,831,039
Ou plus de la moitié des exportations dans ce pays.

(Voyez le tableau général du commerce de la France pendant l'année 1833,
publié par l'administration des Douanes.)

Les exportations immenses de la France aux États-Unis d'articles presque
entièrement de luxe, ne s'échangent, que pour une partie, contre les productions naturelles de l'Amérique.

L'argent et les produits des autres pays tiennent une place importante dans
l'échange.

« La totalité de l'exportation de produits du sol des États-Unis en France,
» en 1831, n'a pas suffi pour couvrir le prix d'un seul article des manufactu-
» res françaises, les soieries. »

(Voir le supplément au rapport de MM. Villiers et Bowring.)

Une augmentation de droits sur les soieries françaises aux États-Unis, tandis
qu'elle anéantirait presque en France cette industrie, en lui enlevant son prin-
cipal débouché, aurait pour résultat de leur substituer les soieries anglaises sur
le marché américain. Les rapides progrès de cette industrie en Angleterre, dans
le cours des dernières années, justifieront cette assertion.

La valeur totale des soieries exportées d'Angleterre en 1823,
a été de 354,409 liv. sterling, ou. . . . . 8,785,225 f.

Et la valeur totale exportée en 1833, s'est élevée à
740,294 liv. sterl., ou. . . . . 18,507,350 f.
Ou plus du double des exportations de 1823.

Sur les soieries exportées d'Angleterre en 1831, près de la . . . . .
moitié fut exportée aux États-Unis, savoir : 237,985 liv. st., ou. 5,949,625

« L'Angleterre vend, au-dessous du prix de France, les tissus de soies les plus
» forts, sur tous les marchés étrangers, également *accessibles aux deux fa-*
» *briques.* »

La valeur des soieries exportées d'Angleterre en France en
1832, a été de 75,187 liv. st., ou. . . . . 1,879,775 f.

(Voir le Dictionnaire de Commerce de Me Culloch pour 1834, pages 440,
442 et 1033.)

État des divers tissus de soie exportés de France aux États-Unis en 1833.

Étoffes pures unies.	298,689 kilog.	35,842,680 fr.
Id. façonnées.	67,243	8,741,590
Id. brochées en soie.	1,123	145,990
Id. id. en or ou argent fin.	67,180 gram.	16,123 fr. 20 c.
Id. id. en or ou argent faux.	40 kilog.	7,200
Id. mélangées.. , ...	17,808	1,424,640
Gaze de soie pure.	6,254	700,448
Crêpe.	17,916	1,577,608
Tulle.	607	48,560
Dentelles.	valeur déclarée.	255,218
Bonneterie. . . . , ...	11,026 kilog.	1,102,600
Passementerie d'or ou d'argent fin.	215,650 gram.	64,695
Id. d'or ou d'argent faux.	1,044 kilog.	31,320
Id. de soie pure.	21,309	2,130,900
Passementerie de soie mêlée d'or ou d'argent fin.	52,500 gram.	9,450
Id. d'or ou d'argent faux. .	10 kilog.	1,200
Id. d'autres matières. . . .	382	26,710
Rubans même de velours.	164,201	19,704,120
Chapeaux de soie.	622	6,220
	Total.	71,837,301 fr. 20 c.

(Voir le tableau général du commerce de la France pour l'année 1833, publié
par l'administration des Douanes.)

La totalité des exportations de France, des tissus
de soie, s'est élevée, en 1833, à. . . . . 160,625,263 fr.
dans lesquels les soieries françaises figurent pour. . 138,472,800 fr.

L'exportation aux États-Unis a été, comme nous
venons de le voir, de. . . . . 71,837,301 fr. 20 c.

Mais ce chiffre ne comprend des soieries fran-
çaises que pour . . . . 58,177,472 fr. 20 c.

Il y a donc eu plus de 13 millions de soieries suisses ou allemandes, qui,
malgré l'augmentation des frais, ont pu soutenir la concurrence avec les
soieries françaises. On peut juger par-là du danger qu'il y aurait, pour la
France, à favoriser un transport direct des soieries allemandes ou suisses aux
Etats-Unis.

N° 14.

Paris, le 24 décembre 1834.

*J.-M. Delagrange, avocat à la cour royale, ancien avocat à la cour de
cassation.*

A M. Georges Gibbes.

Monsieur,

Je m'empresse de vous adresser les renseignemens que vous m'avez fait
l'honneur de me demander.

Après vérification des résidus que j'ai conservés, je vois que j'ai été chargé
de réclamer ou de défendre *deux cent quarante* bâtimens américains environ.

Depuis la convention du 4 juillet 1831, il m'a été adressé de nombreuses demandes de titres et documens relatifs à ces anciennes affaires. Toutes ces demandes ont été faites par les propriétaires originaires, ou par les compagnies
d'assurances, qui, en vertu de l'abandon autorisé par la loi, se trouvaient sub-
rogées à leurs droits.

Aucune de ces demandes ne m'a été adressée par des cessionnaires ou autres
tierces personnes, se présentant comme ayant acquis les créances qu'elles avaient
pour objet.

Je puis ajouter, pour ce qui regarde les compagnies d'assurances en particulier, que, d'après ce que j'ai observé, pendant mon séjour de neuf années aux États-Unis, la vente de leurs réclamations, à une perte inévitable de finance, aurait été contraire aux principes et aux usages de ces compagnies.

Veuillez agréer, etc.

Signé J.-M. DELAGRANGE.

N. 15.

Aux États-Unis le droit constitutionnel relatif aux traités n'a jamais varié.

Un traité fait avec l'Angleterre, dans lequel étaient engagés les intérêts vitaux de la nation, ayant été ratifié en 1796, par les deux gouvernemens, le président Washington, avant de présenter ce traité à la chambre des représentans, fit une proclamation par laquelle il ordonnait qu'il fût observé et exécuté, et que toutes ses conditions fussent remplies, *avant de présenter ce traité à la chambre des représentans.* La partie composant la majorité de cette chambre, (en opposition alors avec Washington), lui contesta ce droit et résolut d'exiger la communication, au congrès, des documens relatifs à ce traité; la réponse de Washington fut un refus à leur demande, et dans un exposé des motifs, il dit que le traité ayant été ratifié par l'autorité constitutionnelle, savoir, le président et le sénat, était devenu la loi suprême du pays; que le consentement de la chambre des représentans n'était pas nécessaire pour la validité d'un traité, et que si ce corps refusait de remplir ses stipulations, c'était violer la foi de la nation.

Il ajouta : « la nature des négociations extérieures demande de la prudence, » et le succès dépend du secret; même lorsque l'on est parvenu à une » conclusion, la révélation entière de toutes les mesures, demandes ou con- » cessions éventuelles, qui peuvent avoir été proposées ou discutées, serait on » ne peut plus impolitique. »

Malgré l'extrême impopularité de ce traité et malgré la violence de l'esprit de parti, la Chambre, après un nouvel examen, en exécuta fidèlement les stipulations.

Cet exemple a été suivi par plusieurs législatures et a toujours servi de règle, en dépit des objections qui pouvaient s'élever sur les conditions des traités (1).

Il faut donc regarder comme un principe certain du droit constitutionnel, aux États-Unis ainsi qu'en Angleterre, que, lorsqu'un traité donne lieu à une collision intérieure entre les pouvoirs de l'état, cet incident ne change rien au droit acquis par le traité au gouvernement étranger qui l'a fait ; qu'à son égard, le pouvoir constitutionnellement chargé de faire les traités, a fait un acte complet et irrévocable.

Nous n'avons pas la prétention d'examiner jusqu'à quel point un usage adopté après mûre réflexion, par certains gouvernemens, doit avoir d'influence sur d'autres gouvernemens de même nature. Nous n'avons pas non plus la prétention d'examiner jusqu'à quel point un principe qui, après une longue expérience, a paru contribuer puissamment à la prospérité des premiers, est susceptible de développement dans les autres.

N. 16.

ETAT des navires et cargaisons américains qui ont été vendus en Hollande, par la douane française, en vertu du traité du 16 mars 1810.

(Communiqué à M⁰ DELAGRANGE, en 1813.)

NOMS DES NAVIRES.	PRODUIT BRUT.		PRODUIT NET.	
	fr.	c.	fr.	c.
Le Hudson..	16,800	90	16,074	86
La Hannak..	50,356	45	48,051	31
Le two Sisters.	126,952	00	120,983	04
L'Urania..	18,680	40	17,773	15
Le two Freinds.	517,407	20	495,520	20
Le Dean.	19,424	50	18,478	55
Le Governor Strong. .	810,115	76	773,554	57
Le Neptune.	71,030	78	67,815	27
Le Janus..	62,272	05	59,338	78
Le St-Michel.	276,550	68	264,851	83
Le Bacchus.	47,080	81	44,865	23
Le Cincinnatus.. . . .	159,514	00	133,132	27
La Malhida..	86,007	18	82,000	06
La Maria..	Produit		inconnu.	
	2,242,022	62	2,142,459	12

(1) Voyez Marshall's life of Washington, vol. II, p. 379 et report of M. King to the senate Febr. 26 1816.

A Monsieur le rédacteur du Constitutionnel.

Paris, 9 janvier.

Monsieur,

Permettez à un citoyen des États-Unis de vous soumettre à la hâte quelques observations sur l'article que vous a suggéré, dans votre numéro de ce jour, le message du président Jackson. Il est facile de comprendre combien un ami sincère des deux nations doit attacher de prix à repousser toute fausse interprétation qui pourrait faire considérer les actes de son gouvernement comme portant atteinte à l'honneur et à la dignité de la France.

Vous vous étonnez que le chef d'un état démocratique paraisse ignorer qu'un traité qui contient une stipulation financière, ne peut recevoir son exécution en France qu'après le vote des Chambres; vous ajoutez qu'il en est de même aux États-Unis, où la sanction du congrès est nécessaire à l'exécution des traités.

On peut répondre d'abord qu'en droit, les traités seuls font la loi des nations entre elles; qu'il ne peut dépendre d'actes de la constitution intérieure des états d'annuler les stipulations d'un traité; que, s'il en était autrement, les traités ne seraient plus des actes du droit des gens, mais des actes du droit constitutionnel; qu'il dépendrait d'une seule des nations contractantes de devenir l'arbitre suprème de la validité d'un acte international, et éminemment synallagmatique; que ce principe ne dénie en rien le droit des Chambres auxquelles sont demandés les subsides, mais que ce droit se résout en responsabilité du ministre qui a contresigné le traité; que ce principe est surtout incontestable, quand le traité, comme celui dont il s'agit, ne contient aucune réserve du droit des Chambres; qu'en fait, lorsque s'agita entre la France et les États-Unis la question d'interprétation de l'article 8 du traité de la Louisiane, les États-Unis repoussaient l'interprétation du cabinet français, par le motif que la concession qu'auraient faite leurs négociateurs, était contraire aux principes de la constitution fédérale; mais que le cabinet français répondit, et, ce nous semble, avec raison, que les traités seuls règlent les rapports et les droits des nations.

Je dois ajouter que le président des États-Unis a cru devoir d'autant plus proclamer ces principes de droit, qu'ils sont écrits dans la constitution américaine.

« *Les traités sont la loi suprême du pays.* » Tel est notre axiome constitutionnel. Ce n'est pas le congrès tout entier qui, comme vous paraissez le croire, est appelé à faire les traités; c'est au sénat et au président seuls qu'appartient ce droit. Ce n'est que dans le cas où des mesures législatives deviennent la conséquence des stipulations diplomatiques, que la chambre des représentans est appelée à les voter, et il n'existe pas d'exemple d'un rejet, par cette chambre, d'une mesure d'exécution, rendue nécessaire par les stipulations d'un traité.

C'est donc un principe tout nouveau qu'il s'agit d'introduire dans le droit public des nations.

Je crois devoir également protester contre le caractère de menace que vous paraissez donner au message du président des États-Unis.

Il a lui-même répondu d'avance à cette imputation. La menace est aussi loin de ses paroles que de sa pensée et de celle de tout citoyen de l'Union ; mais dans une question qui n'est plus une question diplomatique, puisque le traité est conclu, qui n'est plus une question d'argent, puisque le chiffre de l'indemnité est définitivement arrêté, dans une question toute d'honneur national, puisqu'il s'agit de l'exécution d'une convention de peuple à peuple, le chef du pouvoir exécutif des États-Unis se trouvait dans l'obligation rigoureuse d'indiquer à ses concitoyens, auxquels il s'adresse, les moyens qu'il croit les plus convenables pour leur faire rendre la justice qui leur est due.

Le président des États-Unis, à la différence des souverains constitutionnels, n'a pas seul le droit de déclarer la guerre ; ses paroles n'ont donc pas la portée de celles d'un roi d'Angleterre ou de France, ses paroles ne sont que l'expression de son opinion personnelle soumise aux représentans du pays.

Ce n'est ni une déclaration de guerre, ni même un acte diplomatique, ce n'est donc pas une menace ; car, dans les rapports de nation à nation, on ne peut considérer comme menace que les actes d'un pouvoir libre de les réaliser ; ce n'est autre chose qu'une proposition soumise au congrès, ce n'est rien de plus, et nous conjurons tout homme de bonne foi de ne pas se méprendre sur son caractère.

Quant au cabinet français, il ne donnera certainement pas à ces paroles un sens aussi erroné.

Depuis la réception du message, sa position comme ses devoirs n'ont point changé. Depuis 1831 le traité a lié les deux gouvernemens, le cabinet français a déjà soutenu devant les chambres la légitimité de ses stipulations : ce qui était légitime hier, l'est encore aujourd'hui : le traité est-il juste? telle est toute la question.

C'est la tête haute qu'il doit se présenter devant les Chambres, car c'est en toute liberté qu'il a conclu le traité de 1831. Si, avant cette époque, une menace même indirecte lui avait été faite, il aurait pu être vrai alors de dire que sa dignité et son indépendance avaient été compromises ; mais une fois le traité conclu, rien ne peut changer sa position. Car, nous le répétons, il ne s'agit que de dire aux chambres :

« Nous avons conclu, en 1831, un traité que nous avons cru juste et néces-
» saire ; ce traité n'a changé ni de caractère ni de nature ; il ne s'agit que de
» son exécution ; depuis plus de trois ans notre tâche est finie, la vôtre com-
» mence. »

Et nous, nous avons la ferme confiance qu'en présence des faits qui leur seront rappelés, et des documens nouveaux qui leur seront soumis, en laissant de côté toute question d'intérêt, les Chambres n'hésiteront pas à reconnaître que les stipulations du traité sont fondées sur le droit et sur la justice la plus rigoureuse.

Agréez, Monsieur le rédacteur, etc.

GEORGE M. GIBBES,
102, rue Saint-Lazare.

Imprimerie d'EVERAT, rue du Cadran, n° 16.